HISTOIRE

DE

ÉDOUARD MANET

ET DE SON ŒUVRE

DU MÊME AUTEUR

Critique d'Avant-garde. — Salon de 1870. — *Les peintres impressionnistes.* — Claude Monet. — Renoir. — Édouard Manet. — L'Art japonais. — Hokousaï. — James Whistler. — Sir Joshua Reynolds et Gainsborough. — Richard Wagner. — Arthur Schopenhauer. — Herbert Spencer.

G. Charpentier, éditeur. In-12. 1885.

Bibliothèque nationale. — Département des Estampes. Livres et Albums illustrés du Japon catalogués.

Ernest Leroux, éditeur. In-8° (illustré). 1900.

Histoire de James Mc N. Whistler et de son œuvre.

H. Floury, éditeur. In-4° (illustré). 1904.

Il a été tiré de cet ouvrage
30 exemplaires numérotés sur papier du Japon.

Paris. — L. Maretheux, imp., 1, r. Cassette. — 11605.

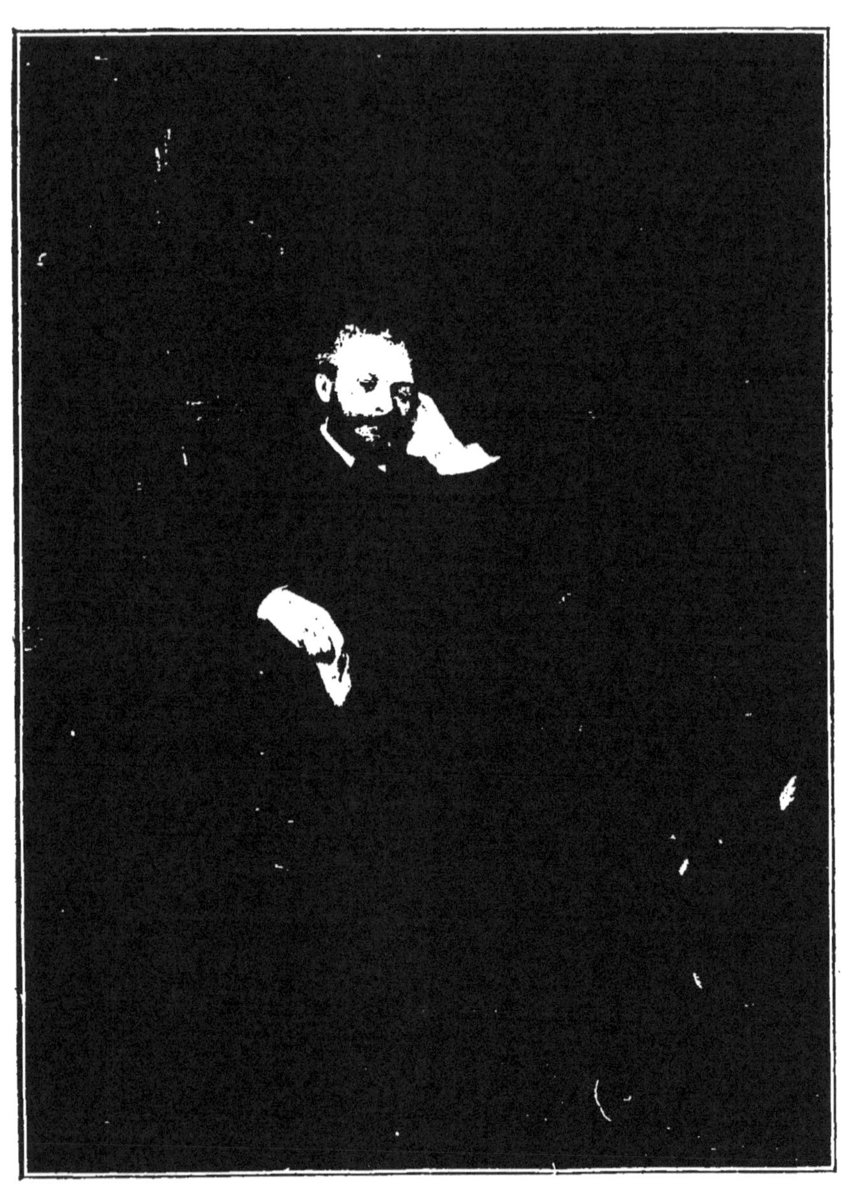

PORTRAIT D'ÉDOUARD MANET, PAR ALPHONSE LEGROS (1863)

THÉODORE DURET

HISTOIRE
DE
ÉDOUARD MANET
ET DE SON ŒUVRE

AVEC DOUZE ILLUSTRATIONS

PARIS
LIBRAIRIE CHARPENTIER ET FASQUELLE
EUGÈNE FASQUELLE, ÉDITEUR
11, RUE DE GRENELLE, 11

1906

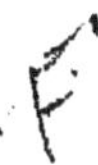

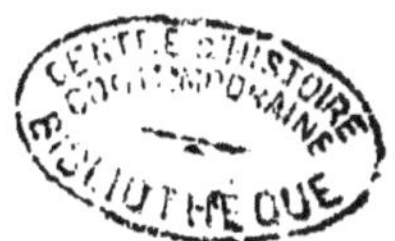

ANNÉES DE JEUNESSE

I

ANNÉES DE JEUNESSE

Edouard Manet naquit à Paris le 23 janvier 1832, au n° 5 de la rue des Petits-Augustins, aujourd'hui rue Bonaparte, et fut baptisé le 2 février de la même année en l'église Saint-Germain-des-Prés. Il devait être l'aîné de trois frères. Leur père, magistrat, avait de la fortune. Il appartenait à cette bourgeoisie qui s'épanouissait et atteignait à la domination sous le règne de Louis-Philippe. Leur mère, née Fournier, appartenait à la même classe de vieille et riche bourgeoisie. Son père, agent diplomatique, avait pris part aux négociations ayant porté le maréchal Bernadotte au trône de Suède.

Elle avait un frère dans l'armée, qui devait devenir colonel.

La bourgeoisie, avant la révolution de 1848, qui lui a enlevé le pouvoir, et la survenue du suffrage universel, qui l'a plus ou moins mêlée avec le peuple, formait une véritable classe distincte. Après avoir combattu et renversé la noblesse, elle s'était elle-même triée et mise à part. Au milieu d'elle, les familles qui se consacraient au barreau et à la magistrature gardaient des traditions et des habitudes propres, venues des anciens parlements. Elles avaient une culture d'esprit particulière, une instruction classique soignée, le culte de la rhétorique qui prévalait au Palais. Dans ce milieu, les hommes qui s'élevaient aux postes de la magistrature prenaient une sorte d'ascendant et s'assuraient une considération certaine. La magistrature à cette époque exerçait encore comme un sacerdoce. Elle gardait la dignité de sa fonction, elle jouissait au dehors d'un respect général. Le père d'Édouard Manet, juge au tribunal de la Seine, personnifiait toutes les particularités de sa classe, la bourgeoisie, et, dans sa classe, de son monde spécial, la magistrature.

Manet est donc né dans une condition sociale qu'on peut appeler élevée, il a grandi dans un milieu de vieilles traditions. Les traits de mœurs et de caractère dus à la naissance devaient persister chez lui toute la vie, parallèlement à ses propensions d'artiste. Il resterait essentiellement un homme du monde, d'une politesse parfaite, d'un grand raffinement de manières, se plaisant en société, aimant à fréquenter les salons, où sa verve et son esprit de saillie le distinguaient et le faisaient goûter.

Il fallait que chez un homme d'une telle manière d'être, l'impulsion vers la vie artistique fût grande, pour que les penchants de l'artiste finissent par l'emporter sur tous les autres. En effet, on peut dire de Manet que la nature l'avait réellement créé pour être peintre, qu'elle l'avait doué d'une vision et de sensations telles, qu'il ne pouvait trouver l'emploi de sa vie qu'en s'adonnant à la peinture. Dans ces circonstances, la vocation devait se révéler chez lui de très bonne heure et le mettre sûrement en désaccord avec sa famille.

La carrière qui l'attendait, dans la pensée des siens, était celle du barreau, de la magistrature ou des fonctions publiques. Il recevrait l'enseignement classique qui, à cette époque de monopole universitaire, se donnait dans les collèges de l'État, il y prendrait le grade de bachelier ès lettres, ferait ensuite son droit et passerait ces examens qui lui conféreraient la qualité d'avocat. C'était la voie toute naturelle que devait suivre son frère le plus jeune, Gustave, qui, après être devenu avocat, sans exercer assidûment sa profession, devait se servir de ses avantages de culture, pour s'ouvrir une carrière à côté, d'abord comme conseiller municipal de Paris, puis comme fonctionnaire de l'État, inspecteur général des prisons.

Mais Manet n'éprouva aucune envie de suivre la voie traditionnelle où son frère devait s'engager. Il avait été confié, dans sa première jeunesse, à l'abbé Poiloup, qui tenait une institution à Vaugirard. Puis il avait été mis, pour continuer ses études, au collège Rollin. Son oncle, le colonel Fournier, le frère de sa mère, faisait des dessins dans ses loisirs et c'est auprès de lui, que, tout jeune garçon, il a d'abord senti naître le goût du dessin et de la peinture, que les circonstances développent ensuite jusqu'à en faire une irrésistible passion. Toujours est-il que vers les seize ans, il avait senti l'appel de la vocation d'une manière si puissante, qu'il exprima sa volonté d'embrasser la carrière d'artiste.

Un fils aîné, à cette époque, venant, dans une famille de vieilles traditions bourgeoises, annoncer pareille détermination, y portait le désespoir. Un artiste ne pouvait être qu'un déclassé, qu'un dévoyé. On entreprit donc de l'amener à d'autres desseins.

Comme il arrive en cas de vocation contrariée, Manet entre alors en révolte ouverte. Il se cabre tellement, qu'il devient impossible à ses parents de le maintenir dans la voie qu'ils voulaient lui imposer. Mais consentir aux désirs du jeune homme ne pouvait venir à leur pensée, et puisqu'il se refusait à étudier le droit et qu'eux-mêmes lui fermaient la carrière de l'art, pour sortir de l'impasse et par coup de tête, il déclara qu'il serait marin. Ses parents préférèrent le voir partir, plutôt que de le laisser entrer dans un atelier. Son père l'accompagna au Havre, où il s'embarqua comme novice sur un navire de commerce *La Guadeloupe*, faisant voile pour Rio-de-Janeiro.

Il alla ainsi au Brésil et en revint, sans autre aventure qu'une occasion qu'il eut d'exercer pour la première fois son talent de peintre. La cargaison du navire comprenait des fromages de Hollande, dont l'eau de mer avait terni la couleur. Le capitaine, qui connaissait les dispositions de son novice, le choisit de préférence à tous autres pour les remettre en état. Et Manet aimait à raconter que, muni d'un pinceau et d'un pot de couleur convenable, il les avait en effet peints de manière à donner pleine satisfaction.

Lorsqu'il fut revenu du Brésil, ses parents, qui avaient sans doute pensé que le voyage l'assouplirait et qu'ils pourraient au retour l'amener à leurs idées, le trouvèrent tout aussi rebelle qu'auparavant. Ils se résignèrent alors à l'inévitable, en lui laissant embrasser la carrière d'artiste.

DANS L'ATELIER DE COUTURE

II

DANS L'ATELIER DE COUTURE

Manet ayant vaincu la résistance de sa famille et obtenu d'elle de suivre sa vocation, choisit, d'accord avec son père, Thomas Couture pour maître et entra dans son atelier.

Personne comme peintre n'a plus étudié que Manet pour acquérir le métier. On comprendra donc qu'enfin entré dans un atelier, il se soit mis à travailler et qu'il ait, au commencement, cherché à utiliser l'enseignement à y recevoir. Mais doué d'un tempérament personnel, soumis à ce travail des natures originales qui cherchent à s'ouvrir leur voie, l'effort même auquel il se livrait pour dégager son talent ne pouvait manquer d'en faire un élève fort peu soumis et en heurt continuel avec son maître, car ils étaient tous les deux de caractères fort différents. M. Antonin Proust, qui après avoir été l'ami de Manet au collège Rollin était devenu son camarade d'atelier chez Couture, a raconté dans la *Revue Blanche* les rapports entre le maître et l'élève, qui ne sont qu'une longue suite de heurts, de fâcheries suivies de raccommodements, mais qui, venant d'une divergence fondamentale, ne pouvaient manquer de se reproduire jusqu'à la brouille définitive. En effet, le jeune homme que Couture avait reçu dans son atelier était destiné, plus que tout autre, à saper l'art, fait de traditions, dont il était un des apôtres. C'était le loup auquel, en prenant Manet, il avait ouvert les portes de la bergerie. Les deux hommes ne pouvaient donc éviter la rupture irrémédiable, puisque ce que l'un défendait, l'autre d'instinct le combattait et, à mesure que son jugement se fortifierait et prendrait conscience de soi, devait s'appliquer à le détruire.

Couture, au moment où, vers 1850, Manet entrait dans son atelier, était un artiste renommé. Il tenait une place parmi les maîtres de la peinture d'histoire, considérée alors comme formant l'essence de ce qu'on appelait le grand art. Son esthétique était faite du respect de certaines traditions, du culte de règles fixes et de l'observance de procédés transmis. Il croyait, avec la majorité des artistes de son temps, en l'excellence d'un idéal fixe, opposé à ce que l'on appelait avec horreur le réalisme. Certains sujets seuls étaient alors crus dignes de l'art; les scènes de l'antiquité, la représentation des Grecs et des Romains jouissaient des préférences, comme nobles par elles-mêmes; les hommes du temps présent, avec leurs redingotes et leurs vêtements usuels, étaient au contraire à fuir, comme n'offrant que des motifs réalistes, anti-artistiques; les sujets religieux faisaient encore partie du grand art, cependant le nu en était avant tout *et principium et fons*; puis, à un rang moins élevé mais encore acceptable, venaient les compositions tirées des pays que l'imagination entourait d'un prestige supérieur, l'Orient par exemple; un paysage d'Egypte était par lui-même digne de l'art, un artiste épris de l'idéal pouvait peindre les sables du désert, mais il fût tombé dans le réalisme, et se fût abaissé, en peignant un pâturage de Normandie, avec des vaches et des pommiers. Couture se tenait avec ferveur dans les traditions de ce grand art. Il s'était mis surtout en vue par un tableau d'énormes dimensions, exposé au Salon de 1847, où il avait obtenu un succès éclatant : les *Romains de la décadence*. Le tableau est au Louvre; en l'étudiant, on peut se rendre compte de ce que valait ce grand art, tel que Couture et les contemporains le cultivaient.

Les Romains de la décadence! Voilà certes un sujet qui prête à l'imagination et peut exercer la pensée. Mais Couture n'a conçu la décadence romaine, qui a été en réalité la transformation d'une société passant d'un état à un autre, que sous la forme d'un affaiblissement physique. Ses Romains de la décadence sont des êtres étiolés, des demi-eunuques pâles, consumés par l'orgie. Acceptons après tout cette donnée, un artiste n'est pas obligé de se rendre un compte philosophique de l'histoire. Cependant, ce que nous ne pouvons lui passer, ce qui nous empêche d'admirer son œuvre, c'est que ses Romains ne sont en aucune façon des hommes antiques, soit qu'on veuille rétablir, par l'étude précise des monuments figurés, le type exact des vieux Romains, soit que, par la puissance de l'imagination, on cherche à évoquer, pour représenter l'antiquité, des formes différentes de celles de notre temps.

Nicolas Poussin s'est livré, lui, à un travail de ce genre, dans son *Enlèvement des Sabines*. Il a réalisé une évocation du passé, il a créé des hommes d'une certaine manière d'être, qui ne sont peut-être pas tels que l'étaient les vrais Romains primitifs, pourtant qui sont dus à une conception originale et nous transportent dans un monde imaginé différent du nôtre. Mais les Romains de Couture n'offrent rien de semblable, ils ne révèlent aucun travail de reconstitution, ce sont des hommes très modernes, de simples modèles, que l'artiste a fait poser et dont il a reproduit les traits, sans pouvoir les transformer. Et alors ils sont disposés selon les préceptes légués et les conventions acceptées; un groupe central en pleine lumière, puis des groupes accessoires à droite et à gauche, tel personnage s'équilibrant avec son pendant ou l'un faisant repoussoir à l'autre, les ombres et les lumières factices et artificielles. Aucun lien ne tient les personnages ensemble dans une action commune, ils restent séparés, on sent l'effort qui les a posés à côté les uns des autres. Nulle émotion ne se dégage donc de cette toile immense.

Si on retourne à l'*Enlèvement des Sabines*, on voit au contraire que Poussin a su faire concourir chaque être à un effet d'ensemble. La foule en mouvement remue tout d'un souffle; aussi la vie, l'intérêt, la terreur, naissent-ils de l'action. Les personnages petits linéairement donnent une vraie sensation de force et d'ampleur, qui manque aux êtres dont Couture a vainement agrandi les proportions. C'est-à-dire que pour faire de la vraie peinture d'histoire, il faut être d'un certain temps, que pour recréer effectivement l'antiquité, il faut vivre, comme au XVIIe siècle, à une époque où la pensée se meut naturellement dans une sphère de traditions littéraires et, par surcroît, avoir du génie, comme Nicolas Poussin. Mais lorsque, toutes les conditions changées, on veut perpétuer l'invention initiale, par des procédés d'école, on n'obtient que des œuvres pauvres, où manquent le souffle et la vie. Tout l'effort de Couture n'a pu le mener au but. Sa toile, dans son genre, est évidemment meilleure que d'autres. Il a fallu après tout du talent pour agencer, même imparfaitement, une aussi vaste composition, l'homme qui l'a exécutée y montre, on ne saurait le nier, certaines qualités de peintre. Mais toute la sueur et toute la peine n'ont pu réaliser, en dehors du temps voulu et en l'absence du génie évocateur, la vision recherchée du monde antique.

L'art fait de traditions dont Couture était un des coryphées était arrivé de son temps à la décrépitude; l'étude de ses œuvres et de celles des contemporains révèle son épuisement. Au moment où Manet apparaissait, il y avait donc conflit entre les artistes en renom, obstinés à continuer une tradition épuisée, et ces élèves cherchant inconsciemment la vie et aspirant à créer des formes d'art, appropriées aux besoins nouveaux. Couture était de ceux qui voulaient maintenir indéfiniment les formules du passé, Manet était au premier rang des jeunes, travaillés par l'esprit novateur. Les heurts et les froissements survenus entre le maître et l'élève n'étaient donc que la manifestation, sous forme de conflit personnel, de la lutte plus profonde qui s'engageait entre des formes de pensée dissemblables et des conceptions d'art antagonistes.

On voit, en effet, par les souvenirs de M. Antonin Proust, que Manet se prend d'une répulsion de plus en plus vive pour le genre que son maître cultive et qu'il veut lui transmettre, la peinture d'histoire, et qu'alors il se porte, à mesure qu'il prend conscience de son propre talent, vers l'observation de la vie réelle. Couture qui découvre que son élève lui échappe, pour aller vers ce que lui-même abhorre et qualifie du nom méprisant de réalisme. croit lui fermer tout grand avenir, en lui disant un jour : « Allez, mon garçon ! vous ne serez jamais que le Daumier de votre temps. » Prétendre ravaler quelqu'un parce qu'on en fait un Daumier cause aujourd'hui de l'étonnement. C'est que les temps sont changés ! Daumier méprisé par les partisans de la peinture d'histoire dominant de son vivant, comme un simple caricaturiste et réaliste, est aujourd'hui admiré comme un des grands artistes du passé. Couture, entêté dans l'ornière d'une forme d'art décrépite, est au contraire maintenant dédaigné et son œuvre tombe dans l'oubli.

Cette répulsion qui se développe chez Manet pour l'art de la tradition se manifeste surtout par le mépris qu'il témoigne aux modèles posant dans l'atelier et à l'étude du nu, telle qu'elle était alors conduite. Le culte de l'antique, comme on le comprenait dans la première moitié du XIXe siècle parmi les peintres, avait amené la recherche de modèles spéciaux. On leur demandait des formes pleines. Les hommes en particulier devaient avoir une poitrine large et bombée, un torse puissant, des membres musclés. Les individus doués des qualités requises, qui posaient alors dans les ateliers, s'étaient habitués à prendre des attitudes prétendues expressives et héroïques, mais toujours tendues et conventionnelles, d'où l'imprévu était banni. Manet porté vers le naturel et épris de recherches s'irritait de ces poses d'un type fixe et toujours les mêmes. Aussi faisait-il très mauvais ménage avec les modèles. Il cherchait à en obtenir des poses contraires à leurs habitudes, auxquelles ils se refusaient. Les modèles connus, qui avaient vu les morceaux faits d'après leurs torses conduire certains élèves à l'École de Rome, alors la suprême récompense, et qui, dans leur orgueil, s'attribuaient presque une part du succès, se révoltaient de voir un tout jeune homme ne leur témoigner aucun respect. Il paraît que fatigué de l'éternelle étude du nu,

Manet aurait essayé de draper et même d'habiller les modèles, ce qui aurait causé parmi eux une véritable indignation.

Manet en quittant définitivement Couture, vers 1856[1], était donc très mal avec lui et en révolte ouverte contre son enseignement. Il avait pris en horreur la peinture d'histoire et celle du nu, d'après les modèles professionnels.

1. Un reçu conservé, daté de février 1856, montre qu'à cette époque, Couture percevait encore la cotisation d'atelier de Manet.

LES PREMIÈRES ŒUVRES

III

LES PREMIÈRES ŒUVRES

Manet livré à lui-même alla s'établir dans un atelier de la rue Lavoisier. Qu'allait-il faire? un point était clair à ses yeux. Il délaisserait la tradition académique, les procédés conventionnels, le prétendu idéal classique, dont il avait pris l'aversion dans l'atelier de Couture, pour peindre la vie autour de lui. Ses modèles ne seraient plus des êtres spéciaux professionnels, il les choisirait parmi les hommes et les femmes variés d'aspect, que la multiplicité des types humains peut offrir. Cependant entre cette première vue abstraite et une réalisation, il y avait toute la distance qui sépare une conception sans lignes arrêtées, de la création fixée dans des formes précises. Il était à ce point de départ des novateurs qui se sentent tourmentés par le démon de l'invention, mais qui, devant tirer de leur fond des œuvres neuves, entrent dans cette période de recherches où il leur faut se découvrir eux-mêmes.

Il continua à travailler, à regarder, à s'instruire. Il fréquenta le Louvre et fit des voyages à l'étranger. Il visita la Hollande, où il s'éprit de Frans Hals, et l'Allemagne, pour voir les musées de Dresde et de Munich. Puis il alla en Italie, attiré surtout par les Vénitiens. A cette époque appartiennent des copies faites de la façon la plus serrée. Il copia un Rembrandt à Munich et rapporta de Florence une tête de Philippo Lippi. Il copia aussi au Louvre les *Petits cavaliers* de Velasquez, la *Vierge au lapin blanc*, du Titien et le *Portrait de Tintoret* par lui-même. Il avait une admiration toute particulière pour ce dernier maître; lorsqu'il allait au Louvre il ne manquait point de s'arrêter devant son portrait, qu'il déclarait être un des plus beaux du monde.

En même temps il commençait à peindre d'après l'esthétique qu'il s'était faite, en prenant ses modèles dans le monde vivant, autour de lui. Une de ses premières œuvres originales a été l'*Enfant aux cerises*; un jeune garçon, coiffé d'une toque rouge,

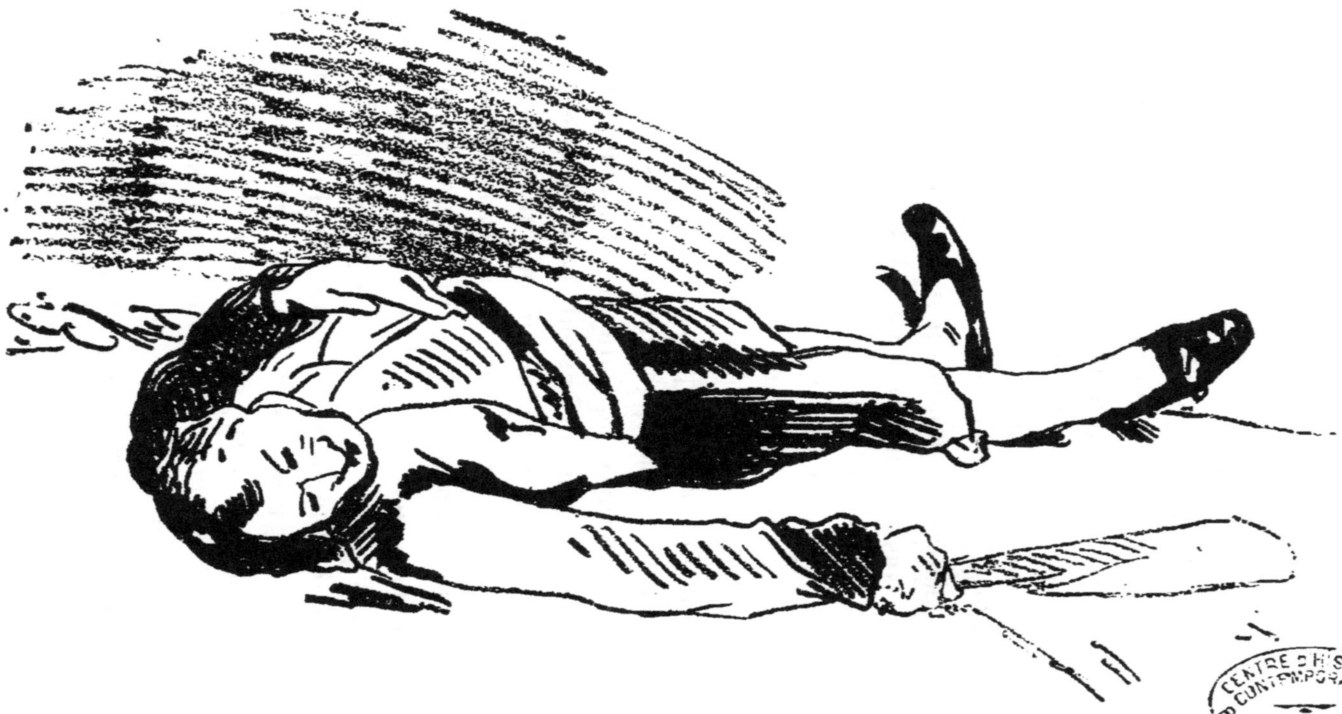

LE TORERO MORT

tient devant lui une corbeille de cerises. Une œuvre plus importante de la même époque fut le *Buveur d'absinthe*, en 1859. Le buveur de grandeur naturelle, coiffé d'un chapeau à haute forme, assis enveloppé d'un manteau couleur brune, est d'aspect lugubre. Il donne bien l'idée de la ruine physique et morale où peut conduire l'abus de l'absinthe. Ce tableau est certes caractéristique, mais s'il révèle la personnalité de son auteur, il ne la montre cependant pas encore dégagée de tout alliage et de toute réminiscence. Il fait souvenir de l'atelier par où le peintre a passé. Il n'est que la continuation plus accentée des morceaux produits chez Couture, qui, par leur franchise et leur qualité de palette, avaient excité l'approbation des autres élèves, mais qui, tout en étant déjà puissants, gardaient encore la marque du lieu d'origine. Car il n'est pas dans la nature des choses que le jeune homme entrant dans la vie, quelle que soit son originalité native, puisse ne pas prendre d'abord l'empreinte du milieu où il survient et du maître dont il reçoit les premières leçons.

Postérieure au *Buveur d'absinthe* est la *Nymphe surprise*. Elle se replie sur elle-même, en se couvrant en partie d'une draperie. C'est un beau morceau de nu, mais où l'on sent encore le travail de l'homme qui se cherche. On y découvre l'influence des Vénitiens. Le titre aussi mythologique, qui apparaît comme une exception dans la nomenclature de ses tableaux et qu'il ne devait plus reprendre, montre qu'en ce moment, Manet a vécu parmi les artistes de la Renaissance et que, dans son admiration, il a emprunté à leur vocabulaire.

S'il avait admiré les Vénitiens, il devait aussi s'éprendre des Espagnols, Velasquez, le Greco et Goya. A cette époque des débuts, se placent donc ses premiers motifs espagnols. Il ne faut cependant pas croire que les tableaux où il a introduit des personnages espagnols lui aient été inspirés surtout par la fréquentation de Velasquez et de Goya. S'il était allé tout de suite visiter les musées de Hollande et d'Allemagne, et étudier les Italiens chez eux, il ne devait aller voir les Espagnols à Madrid qu'en 1865, alors que sa personnalité serait pleinement développée. Les premiers tableaux consacrés à des sujets espagnols lui ont été suggérés par la vue de chanteurs et de danseurs, venus en troupe à Paris. Séduit par leur originalité, il avait ressenti l'envie de les peindre.

Parmi les tout premiers tableaux exécutés dans ces dispositions est le *Ballet espagnol*, une toile où les personnages sont alignés les uns à côté des autres, debout ou assis. Là se révèle le don de Manet de peindre en pleine lumière et d'associer, sans heurt, les tons les plus variés. Puis, en 1862, il peint la danseuse *Lola de Valence*. Les fleurs multicolores du jupon, le voile blanc et le fichu bleu qui entourent la tête et les épaules de la jeune femme, sont rendus, avec une extrême franchise. Le visage et les yeux si vivants présentent, comme un type étrange, cette sorte de sauvagerie raffinée, apportée et laissée sur le rivage de Valence par les Arabes.

Manet n'avait à ce moment, où il était encore inconnu, que le poète Baudelaire pour le fréquenter dans son atelier, le comprendre et l'approuver. Baudelaire qui se piquait de ne reculer devant aucune audace, pour qui personne n'était assez osé, qui faisait depuis longtemps de la critique d'art, qu'il voulait tenir en dehors des voies battues, avait découvert en Manet l'homme hardi, capable d'innover. Il l'encourageait donc, il défendait ses œuvres les plus attaquées. Il ressentit une grande admiration pour Lola de Valence peinte, et il composa en son honneur le quatrain suivant :

Entre tant de beautés que partout on peut voir,
Je comprends bien, amis, que le désir balance ;
Mais on voit scintiller dans Lola de Valence,
Le charme inattendu d'un bijou rose et noir.

Cependant à cette époque, le Salon était le lieu obligé où tout artiste devait se produire. L'entrée au Salon marquait le moment où le débutant, sorti de la période d'études, se sentait assez sûr de lui pour appeler le public à juger ses œuvres. Manet chercha, pour la première fois, à y pénétrer, en 1859, avec le *Buveur d'absinthe*. Le jury d'examen le refusa. A cette époque les Salons n'avaient lieu que tous les deux ans. Ils ne devaient devenir annuels qu'à partir de 1863. Il n'y en eut donc point en 1860, et Manet ne put revenir à la charge qu'en 1861. Il présenta cette année là à l'examen du jury les *Portraits de M. et Mme M...*, (son père et sa mère) et l'*Espagnol jouant de la guitare*, aussi connu comme le *Chanteur espagnol*, ou encore, comme le *Guitarero*. Les deux tableaux cette fois-ci furent admis. L'année 1861 marque ainsi le moment où Manet entre, pour la première fois, en contact avec le public. Les portraits de son père et de sa mère en buste, réunis sur une même toile, sont peints dans cette manière un peu dure et d'opposition de noirs et de blancs, à laquelle il s'abandonne dans certains de ses tableaux du début, par exemple l'*Angélina* de la collection Caillebotte, au Musée du Luxembourg. On y voit apparaître en outre ce goût qu'il devait dégager plus tard, mais qui alors se révélait inconsciemment, de peindre les natures mortes. La mère tient une corbeille, où sont placés des pelotons de laine multicolores, qui cependant s'harmonisent avec l'ensemble. Ces portraits de dimensions réduites n'attiraient pas beaucoup les regards et c'était l'autre œuvre plus importante, où un Chanteur espagnol était peint de grandeur naturelle, qui devait recueillir le succès.

Le chanteur avait été pris dans cette troupe de musiciens et de danseurs, qui lui fournissait aussi le *Ballet espagnol* et *Lola de Valence*. Il avait donc le mérite d'être un véritable Espagnol. Il offrait un de ces êtres cherchés dans la vie et hors des modèles d'atelier, vers lesquels Manet se sentait, en opposition à l'enseignement de Couture, définitivement porté. Il est assis sur un banc vert, coiffé d'un sombrero, la tête par-dessous enveloppée d'un mouchoir, veste noire, pantalon gris et espadrilles de lisière. Il chante en pinçant de sa guitare. Théophile Gautier, dans sa critique hebdomadaire du *Moniteur Universel*, a dit de lui : « Comme il braille de bon courage en raclant le jambon! » Ce qui est à la fois vrai et imaginé. Le *Chanteur espagnol*, appartenant à la période d'essais, marque un pas en avant. Il laisse voir la poussée profonde qui se produit chez l'artiste et va le conduire bientôt à l'épanouissement complet de son originalité. Il est beaucoup plus dégagé des procédés et des réminiscences d'atelier que le *Buveur d'absinthe* présenté au Salon en 1859; il est peint d'une manière plus franche et plus personnelle.

En somme, c'était un morceau où se montraient déjà les traits particuliers de l'auteur. Cependant cette même originalité, qui devait bientôt après, développée tout à fait, soulever de si violentes tempêtes, n'en occasionna point à cette première apparition. Le tableau était peint dans une gamme de tons gris et noirs, qui ne heurtait pas trop l'œil des spectateurs; quoique conçu dans la donnée réaliste qu'on abhorrait alors, il demeurait hors de la réalité ambiante, puisque le modèle, en sa qualité d'Espagnol, portait un costume à part, qu'on pouvait juger fantaisiste, si bien que l'œuvre du débutant, sans attirer spécialement les regards du public, fut remarquée des peintres et de certains critiques. Le jury lui décerna une mention honorable et Théophile Gautier put conclure, en en parlant : « Il y a beaucoup de talent dans cette figure de grandeur naturelle, peinte en pleine pâte, d'une brosse vaillante et d'une couleur vraie. »

En 1862, il ne devait pas y avoir de Salon et ce n'est qu'en 1863 que Manet put se présenter de nouveau, pour être encore une fois refusé. Mais n'anticipons pas. Avant d'arriver à cette péripétie, qui devait être décisive dans sa vie et le lancer en pleine carrière, il nous faut jeter un dernier regard sur ses œuvres de début. Parmi se remarque la *Musique aux Tuileries* de l'année 1861. A cette époque le château des Tuileries, où l'Empereur tenait sa cour, était un centre de vie luxueuse qui s'étendait au jardin. La musique qu'on y faisait deux fois par semaine attirait une foule mondaine et élégante. Le tableau de Manet a donc pour nous l'avantage de représenter les mœurs et les costumes d'une époque disparue. Il est rendu encore plus intéressant par les portraits qu'on y voit, le sien et ceux de contemporains connus ou célèbres, tels que Baudelaire et Théophile Gautier. Manet après avoir peint un sujet mondain, dans la *Musique aux Tuileries*, en peignait un de l'ordre populaire, dans la *Chanteuse des rues*. Le tableau est exécuté dans une tonalité générale de gris, où le gris de la robe forme la note dominante. La chanteuse debout tient sa guitare sous le bras, et mange des cerises. L'ensemble aurait pu rester vulgaire, mais l'artiste a su l'embellir par la qualité de la peinture en soi.

Il peignait encore alors l'*Enfant à l'épée*. Un jeune garçon debout et en marche tient, dans ses bras, une lourde épée. Cette toile d'une gamme sobre devait être une des premières qui serait goûtée. Elle a pris place au Musée de New-York. Avant de peindre l'*Enfant à l'épée*, il avait déjà peint le *Gamin au chien*, un tableau très réussi, où un jeune garçon est également le personnage.

De l'année 1862 est le *Vieux musicien*, l'œuvre la

plus importante, par les dimensions, de sa période des débuts. Le Vieux musicien au centre de la toile sert de raison première à l'existence de l'ensemble. Il est assis en plein air, son violon d'une main, l'archet de l'autre, prêt à jouer. Les personnages autour attendent, pour l'écouter. D'abord à gauche, une petite fille debout et de profil, un poupon dans ses bras. Manet aimait beaucoup cette figure, il l'a reproduite à part dans une eau-forte. A côté sont placés deux jeunes garçons, de face et debout. Puis, dans le fond, apparaît, repris, le *Buveur d'absinthe*. Enfin à droite, à moitié coupé par le cadre, se voit un Oriental, avec turban et longue robe. La réunion de ces personnages si dissemblables surprend d'abord, on est là en pleine fantaisie. Je ne sache pas que Manet ait eu d'autre intention, en peignant ce tableau, que d'y mettre des êtres divers, qui lui plaisaient et dont il voulait conserver l'image.

En cherchant à dégager l'idée qu'on peut se former de Manet pendant ces années de début, on voit un homme qui, porté d'instinct vers des voies originales, se soustrait à l'esthétique dominatrice autour de lui et aux règles fixes observées dans les ateliers. Il cherche à dégager sa personnalité, alors l'esprit en éveil et les yeux ouverts, multiplie les études et regarde de divers côtés. Dans ses voyages, il va vers s vieux maîtres, pour lesquels ils se sent de l'affinité, Frans Hals en Hollande, les Vénitiens en Italie. Il étudie Velasquez et Goya d'après les tableaux qui s'offrent d'abord d'eux en France. Dans ces conditions, ses premières œuvres portent la marque d'influences et de reflets divers. Il y a celles du tout jeune homme qui, produites dans l'atelier de Couture ou aussitôt après la sortie, se rapprochent du premier maître. D'autres laissent voir la fréquentation des Vénitiens ou une manière de parenté avec les maîtres espagnols. Cependant les formes d'emprunt ne sont, en définitive, que de surface. Elles ne pénètrent pas suffisamment les œuvres pour qu'on puisse trouver entre elles de caractères réellement dissemblables. Au contraire, en les rangeant chronologiquement, on voit une personnalité bien caractérisée, qui se montre dès la première, se retrouve ensuite dans toutes les autres et se développe d'une manière constante.

On se sent surtout tout de suite en présence d'un homme que la nature a doué, dans le grand sens du mot. L'instinct qui avait poussé Manet à vouloir être peintre ne l'avait pas trompé. En y cédant, il ne faisait qu'obéir à la voix mystérieuse de la nature qui, en créant certains êtres pour accomplir certaines besognes, leur donne la faculté de se reconnaître et la force de vaincre les résistances à rencontrer. Tout ce que Manet a exécuté, du jour où il a mis de la couleur sur une toile, était œuvre de peintre. Ses productions de début ont déjà l'intensité de vie, la valeur de facture, le mérite de matière, l'éclat de lumière, qui constituent les qualités picturales et permettent seules de réaliser, par le pinceau, des créations puissantes et durables.

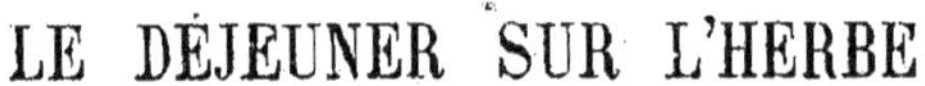

LE DÉJEUNER SUR L'HERBE

IV

LE DÉJEUNER SUR L'HERBE

En 1863 Manet avait trente et un ans. Le travail auquel il se livrait pour se frayer sa voie, se découvrir lui-même, qui l'avait conduit à produire des œuvres de plus en plus personnelles, aboutit alors à la réussite cherchée, dans une création où le novateur se trouve enfin complet, le *Déjeuner sur l'herbe*.

Ce tableau peint au commencement de 1863 qui, par ses dimensions, dépassait toutes ses productions antérieures et sur lequel il avait compté pour attirer l'attention, présenté au Salon, fut refusé par le jury d'examen. Manet se voyait donc, en 1863, comme en 1859, condamné par le jury. Mais cette année-là

4

les refus multipliés vinrent frapper un nombre inaccoutumé de jeunes artistes; les réclamations qui s'élevèrent de tous côtés, les influences variées que les victimes surent mettre en œuvre, amenèrent une intervention de l'Empereur. L'administration des Beaux-Arts continua à trouver bonnes les éliminations du jury, mais, sur un ordre de l'empereur Napoléon III, il fut permis aux refusés de se montrer au public. On leur accorda au Palais de l'Industrie, le lieu même où se tenait le Salon, un certain emplacement pour exposer leurs tableaux. A côté du Salon officiel, l'année 1863 devait ainsi, par exception, en connaître un autre que l'on appela des refusés. Ce salon est resté célèbre. On y voyait Bracquemont, Cals, Cazin, Chintreuil, Fantin-Latour, Harpignies, Jongkind, Jean-Paul Laurens, Legros, Manet, Pissarro, Vollon, Whistler. Le *Déjeuner sur l'herbe*[1] par ses proportions y tenait une grande place, de telle sorte qu'il devait être presque aussi vu que s'il eût été au Salon officiel. Il attira en effet l'attention mais d'une façon violente, en soulevant une véritable clameur de réprobation. C'est qu'il

1. Le *Déjeuner sur l'herbe*, dans le catalogue du Salon annexe ou des refusés de 1863, est appelé le *Bain*, d'après la femme qui, au second plan, se tient dans l'eau. Mais le tableau fut alors partout désigné sous le titre : le *Déjeuner sur l'herbe*, qui a définitivement prévalu.

différait réellement, comme facture et comme procédés, comme choix de sujet et comme esthétique, de tout ce que la tradition tenait alors pour bon et pour digne de louanges.

Avec ce tableau se révélait une manière de peindre en dehors de la manière courante, due à une vision propre et originale. On se trouvait en face d'un nouveau venu, qui juxtaposait les tons divers sans transition, ce que personne n'eût imaginé de faire à cette époque. On voyait un homme venant renier la pratique reçue. Il supprimait la combinaison alors universellement respectée de l'ombre et de la lumière, conçues comme des oppositions fixes, pour la remplacer par des oppositions de tons variables. Ce que l'on enseignait dans les ateliers, que les peintres pratiquaient, était que, pour établir les plans, modeler les contours, faire valoir certaines parties, il fallait se servir de combinaisons d'ombre et de lumière. On pensait surtout que plusieurs tons vifs ne pouvaient être mis côte à côte sans transition et que le passage des parties claires aux autres devait se faire par gradations, de façon à ce que des ombres vinssent adoucir les heurts et fondre l'ensemble. Mais voici où cette technique, générale dans les ateliers, avait conduit! Comme rien n'est plus rare que l'artiste qui peut réellement peindre dans la lumière, mettre de la vraie clarté sur une toile, quels que soient les moyens ou le procédé, cette technique d'opposition constante d'ombre et de soi-disant lumière avait amené la production d'œuvres d'où, en réalité, toute lumière avait disparu, et où l'ombre subsistait seule. Les parties prétendues en clair, sans vigueur, ne se dégageaient plus sur le noir des ombres. Presque tous les tableaux du temps se présentaient à l'état sombre. L'éclat des tons clairs, des couleurs joyeuses, la sensation du plein air et de la nature riante, en avaient disparu. Le public s'était habitué à cette forme éteinte de la peinture. Il s'y complaisait. Il n'en demandait pas d'autre. Il ne soupçonnait même pas qu'il pût y en avoir d'autre.

Tout à coup le *Déjeuner sur l'herbe* lui mettait sous les yeux une œuvre peinte d'après des procédés différents. Il n'y avait plus à proprement parler d'ombre dans le tableau. L'éternel mariage de la lumière avec l'ombre, tenues pour choses fixes, ne s'y retrouvait pas. La surface entière était pour ainsi dire peinte en clair, tout l'ensemble était coloré. Les parties que les autres eussent mises dans l'ombre laissaient voir des tons moins clairs mais cependant toujours colorés et en valeur. Aussi ce *Déjeuner sur l'herbe* venait-il faire comme une énorme tache. Il donnait la sensation de quelque chose d'outré. Il heurtait la vision. Il produisait, sur les yeux du public de ce temps, l'effet de la pleine lumière sur les yeux du hibou. On n'y découvrait que du « bariolage ». Le mot avait été dit par un des critiques les plus autorisés du temps, Paul Mantz, qui, dans la *Gazette des Beaux-Arts*, ayant parlé des œuvres de Manet, à l'occasion d'une exposition particulière tenue chez Martinet, sur le boulevard des Italiens, quelques semaines avant l'ouverture même du Salon, les avait réprouvées comme « des tableaux qui, dans leur bariolage rouge, bleu, jaune et noir, sont la cariture de la couleur et non la couleur elle-même ». Ce jugement correspondait pleinement à la sensation que le public éprouvait, mis au Salon des refusés, devant l'œuvre de Manet. Pour lui, il n'y avait là qu'une débauche de couleur.

Si le *Déjeuner sur l'herbe* heurtait par son système de coloris et les procédés de facture, il soulevait une indignation encore plus grande, s'il se peut, par le choix du sujet et la façon dont les personnages étaient traités. A cette époque, en effet il n'y avait pas seulement une manière de peindre et d'observer les règles traditionnelles, que le public après les artistes avait acceptée et qu'il jugeait seule bonne; il existait également toute une esthétique, seule admise dans les ateliers et à laquelle le public s'était aussi rangé. On honorait ce qu'on appelait l'idéal. On concevait le grand art comme tenu dans une sphère jugée élevée, embrassant la peinture d'histoire, la peinture religieuse, la représentation de l'antiquité classique et de la mythologie. C'était seulement à cette forme d'art, qui paraissait épurée et d'un caractère noble, que tous, artistes, critiques et public, s'intéressaient. On s'inquiétait à chaque Salon de son niveau, on se demandait si elle était en décadence ou en progrès. Les artistes qui y brillaient, les débutants qui s'y produisaient et promettaient d'y remplacer les vieux maîtres, attiraient les yeux de tous. A eux allaient les encouragements, les louanges, les récompenses. Ce grand art était devenu l'objet d'un culte national. C'était un honneur pour la France de le perpétuer. Elle y montrait sa supériorité sur les autres nations qui, dans les voies de l'art compris de la sorte, lui étaient inférieures et demeuraient en arrière. Ainsi l'amour des traditions, la poursuite de ce qu'on appelait l'idéal, le souci de la gloire nationale, se combinaient pour faire de l'art transmis l'objet d'un respect unanime.

Or Manet, par le choix et le traitement de son sujet, venait attaquer tous les sentiments que les autres respectaient ; il venait renier le grand art, honneur de la nation. Sur une toile de ces dimensions, qu'on réservait seules alors aux motifs soi-disant à idéaliser, il peignait, lui, une scène de réalisme, un *Déjeuner sur l'herbe*. Les personnages de grandeur naturelle, répudiant toute pose héroïque, étaient couchés ou assis sous des arbres, en train de festoyer ; même à côté d'eux s'étalaient, dans un absolu abandon, un tas d'accessoires, des petits pains, une corbeille de fruits, un chapeau de paille, des vêtements de femmes multicolores. Et comment les personnages étaient-ils vêtus ? Les deux hommes représentés ne portaient aucun de ces costumes anciens ou étrangers qui, par leur dissemblance d'avec les habits en usage, eussent au moins permis au public de reconnaître une recherche du pittoresque et une manière d'embellissement, telles que Manet les avait lui-même pratiquées dans son *Chanteur espagnol*. Non, cette fois, on était en présence de gens en costumes bourgeois, d'une coupe commune, pris chez le tailleur du coin. C'est-à-dire que pour le public il y avait là comme une sorte de défi, une véritable provocation, la montre audacieuse de ce que tous honnissaient alors sous le nom de grossier réalisme.

Comme si ce n'eût été assez de ces causes pour soulever l'indignation contre le tableau, la pudeur s'y voyait encore, au jugement du public, offensée. Manet y avait en effet groupé, au premier plan, deux hommes vêtus avec une femme nue, assise repliée sur elle-même, et mis encore, au second plan, une femme au bain. Manet qui sortait de l'atelier de

Couture où tout l'enseignement avait porté sur la peinture du nu, qui voyait tout autour de lui le nu cultivé et honoré comme constituant l'essence même du grand art, n'avait pas encore pu s'en déprendre lui-même et, tout en voulant peindre une scène de la vie réelle, il y avait introduit une femme nue. La blancheur des chairs lui fournissait un de ces contrastes tels qu'il les aimait, avec les hommes en costumes noirs, et mettait une note claire tranchée, au milieu de la toile. L'idée d'associer ainsi, dans une scène de plein air, une femme nue avec des hommes vêtus, lui était venue de sa fréquentation avec les Vénitiens. C'est le *Concert* de Giorgione, au Musée du Louvre, où deux femmes nues se tiennent avec deux hommes habillés, dans un paysage, qui lui avait suggéré sa combinaison, et c'est de très bonne foi que lorsqu'il fut violemment attaqué, il demandait pourquoi on blâmait chez lui ce que l'on ne pensait nullement à reprocher à Giorgione. Mais, aux yeux du public, entre le nu de Manet et celui des Vénitiens de la Renaissance, il y avait des abîmes. L'un était, au moins le croyait-on, idéalisé, l'autre était du pur réalisme et comme tel offensait la pudeur. Cette femme nue vint donc s'ajouter comme un surcroît aux autres éléments de réprobation que présentait ce *Déjeuner sur l'herbe*.

Alors le tableau excita une immense raillerie. Il

devint l'œuvre, à sa manière, la plus célèbre des deux Salons. Il procura à son auteur une notoriété éclatante. Manet devint du coup le peintre dont on parla le plus dans Paris. Il avait compté sur cette toile pour obtenir la renommée. Il y avait réussi et beaucoup plus qu'il n'eût osé l'espérer; son nom était sur toute les lèvres. Mais le genre de réputation qui lui venait n'était cependant pas celui après lequel il avait soupiré. Il avait pensé que son originalité de forme et de fond, se produisant dans une grande œuvre, lui attirerait, avec les regards du public, la reconnaissance du talent qu'il se sentait, qu'on verrait en lui un maître à ses débuts, qu'on le saluerait comme un novateur, qu'il entrerait ainsi dans la voie du succès et de la faveur publique. Ce qui lui venait était un renom de révolté, d'excentrique. Il passait à l'état de réprouvé.

Il s'établissait ainsi entre le public et lui une séparation profonde, qui devait le maintenir toute sa vie dans une bataille sans fin.

L'OLYMPIA

V

L'OLYMPIA

Manet envoya au Salon de 1864 deux toiles, les *Anges au tombeau du Christ* et *Episode d'un combat de taureaux*, qui furent reçues. Elles étaient plus ou moins dans la manière déjà vue, aussi ne donnèrent-elles lieu à aucun jugement particulier. Elles laissèrent leur auteur, auprès du public, dans l'état de condamnation où l'avait mis le *Déjeuner sur l'herbe* de l'année précédente.

En 1865, il envoya une œuvre sur laquelle il comptait pour frapper une seconde fois l'attention et se produire de nouveau, dans tout le développement de sa personnalité, l'*Olympia*, à laquelle il joignit un *Jésus insulté par les soldats*. L'*Olympia* avait été peinte en 1863, la même année que le *Déjeuner sur l'herbe*, après, comme une sorte de complément. Depuis que par ses rigueurs, en 1863, le jury d'admission au Salon s'était attiré de l'Empereur une remontrance, par la faveur accordée aux artistes refusés d'exposer non loin des autres, il se montrait moins draconien. Relâché dans sa sévérité, il admettait maintenant des œuvres qu'il eût auparavant condamnées. C'est ce qui explique que Manet repoussé aux Salons de 1859 et de 1863 ait pu faire accepter en 1865 l'*Olympia* et le *Jésus insulté*, où il se produisait sous sa forme la plus personnelle.

Les deux tableaux au Salon ameutèrent immédiatement le public. La tempête de railleries et d'insultes que le *Déjeuner sur l'herbe* avait soulevée se déchaîna de nouveau, pour aller sans cesse grandissant. Les particularités qui, chez Manet, avaient amené la désapprobation, avaient, en 1863, pris par surprise. Le public avait pu se demander s'il n'y avait pas là, après tout, l'outrance voulue d'un débutant, désireux d'attirer l'attention. Mais voilà que deux ans après, cette fois dans le lieu solennel du Salon officiel, le même Manet réapparaissait avec la même physionomie, remettant ses mêmes procédés sous les yeux du public. Les traits insolites qu'on avait d'abord contemplés avec horreur dans le *Déjeuner sur l'herbe*, on les retrouvait accentués dans l'*Olympia*.

Le tableau était peint dans une note lumineuse générale. En contraste avec les œuvres sombres et éteintes de l'époque, il ressortait comme une tache offensant les yeux. Les plans étaient établis sans repoussoir ou enveloppe d'ombre, clair sur clair; les couleurs les plus tranchées se trouvaient juxtaposées, sans demi-tons ou adoucissements. Certes, dans tout le Salon, seul Manet peignait de la sorte, et comme personne ne pouvait penser qu'un débutant, un nouveau venu, différant de tous les autres, des maîtres connus et respectés, pût avoir raison contre eux, on le condamnait sans rémission, on le rabaissait unanimement à la position d'outrancier, de révolté, d'ignorant, de barbare. Les connaisseurs, ou prétendus tels, ne trouvaient aucune expression assez forte pour rendre le mépris que ses procédés leur inspiraient.

C'était là l'opinion sur la forme; sur le fond elle était au moins aussi sévère. *Olympia*, le sujet du tableau, était peinte nue, étendue sur un lit, le bras droit appuyé sur un coussin. Son corps reposait sur une sorte de châle de l'Inde à tons jaunes, semé de légères fleurs; derrière le lit, une négresse apportait à sa maîtresse un énorme bouquet, où l'audace des tons vifs juxtaposés se donnait libre cours. L'ensemble était complété par un chat noir, placé sur le lit, contre la négresse, et faisant le gros dos. C'est-à-dire qu'on avait un nu pris dans la vie, conçu et traité de cette façon toute moderne que Manet avait adoptée définitivement, mais aussi un nu, aux yeux du public, offensant la pudeur et heurtant toute la tradition respectée et respectable du grand art. Si donc avec le *Déjeuner sur l'herbe* il avait déjà soulevé tout le monde contre lui, en portant atteinte au grand art de la tradition, avec l'*Olympia* il amenait un soulèvement encore plus grand, car il récidivait son attentat. Il l'aggravait, en manquant au respect que tous voulaient conserver pour ce qui faisait l'essence même du grand art, ce qui en constituait la part la plus élevée, le nu déclaré idéalisé et maintenu dans des formes épurées.

Le nu comme on en concevait alors l'application était employé au rendu de la fable, de la mythologie et de l'histoire antique. Il donnait lieu à la production de tableaux laborieux. Lorsqu'il s'agissait des formes féminines, ses apôtres s'abstenaient plus spécialement de toute étude réelle de la vie, pour se tenir à des contours venus, par imitation ininterrompue, de la renaissance italienne. Il faut aussi se représenter qu'à cette époque, dans les musées, ce que l'on appelait la troisième manière de Raphaël

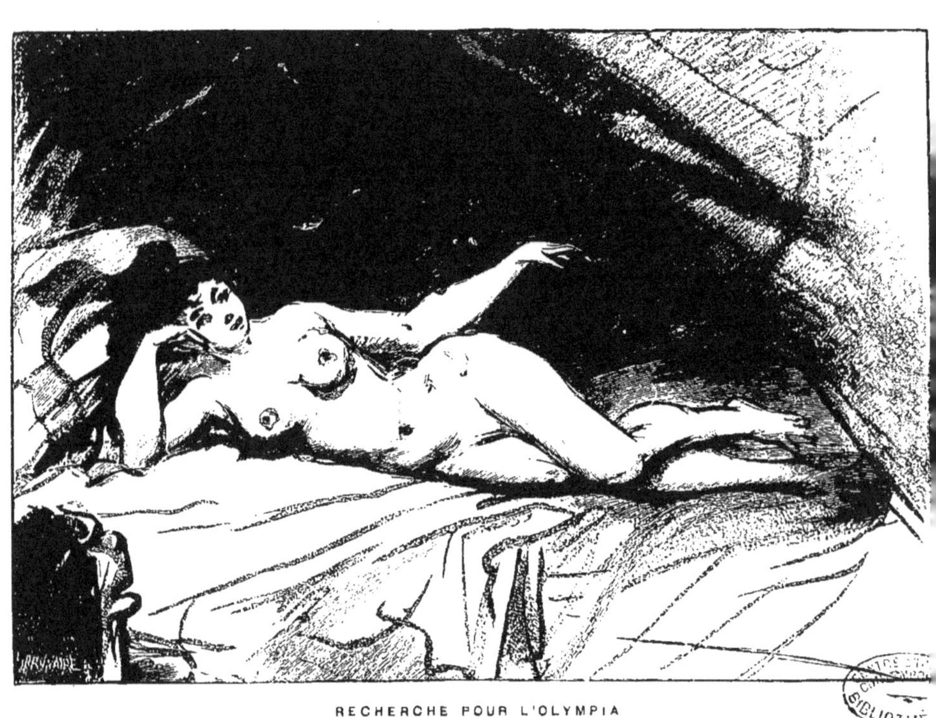

RECHERCHE POUR L'OLYMPIA

et les œuvres de Guido Reni et des Carraches occupaient la première place et étaient regardées comme offrant le summum de l'art italien à son apogée. Dans un temps où l'on entretenait de pareilles idées sur l'école qui avait servi de point de départ au grand art traditionnel national dont on était fier, n'importe quel pastiche ou quelle répétition des formes admises pouvait satisfaire le sens esthétique. Un point essentiel, auquel on ne faillissait pas, était d'emprunter les appellations à la nomenclature mythologique, et le nombre des Vénus, des nymphes, des divinités grecques et romaines peintes en France, dans les deux premiers tiers du XIXe siècle, est incalculable.

Voilà que dans ce monde des déesses aux formes conventionnelles, Manet prétendait introduire une Parisienne moderne, une Olympia étendue sur un lit. Du reste il n'avait rien fait pour amoindrir le choc que son œuvre devait causer, il avait au contraire choisi un modèle à peindre d'un type aussi éloigné que possible du type admis et traditionnel. On sent ici l'homme qui, dans sa lutte pour se découvrir, avait pris en telle aversion les formes répétées par les autres, qu'il leur en opposait de tout à fait dissemblables. *Olympia* offrait l'image d'une jeune femme maigrelette, les jambes un peu osseuses, les épaules carrées. Quand on la regarde aujourd'hui, on la trouve aussi chaste que n'importe quelle nymphe mythologique, son corps fluet et singulier plaît par sa saveur, la tête est dessinée avec la précision d'un Holbein. Mais en 1865 personne n'était dans des dispositions à juger l'œuvre et à voir ce que l'artiste y avait mis. Olympia faisait simplement l'effet d'une créature venue on ne sait d'où, pour s'introduire dans la société des déesses. Le public indigné se soulevait contre l'intruse, et la malheureuse a été l'objet d'autant de railleries que le peintre même auquel elle devait le jour.

Mais ce qui paraît maintenant réellement étonnant, ce qu'on ne voudrait croire, si le fait n'était certain, c'est qu'un être tout à fait épisodique, dû à une fantaisie d'artiste, le chat noir, devenait lui aussi l'objet d'invectives particulières, venant s'ajouter, pour faire repousser l'œuvre, à toutes les autres. Manet, qui aimait beaucoup les chats, avait introduit son chat dans le tableau par fantaisie, pour le pittoresque et aussi pour avoir un ton noir tranché, qui rehaussât, par le contraste, les tons blancs et roses dominant par ailleurs. Il a, à d'autres reprises, peint des chats : dans son tableau de la *Jeune femme couchée en costume espagnol*, où il a mis un petit chat gris, qui joue sur le plancher avec une orange, puis encore dans son *Déjeuner* du Salon de 1869, où un chat noir se pelotonne sur lui-même, en bas, devant la servante tenant la cafetière. Il a aussi, pour annoncer le livre des *Chats* de Champfleury, fait une gouache et une lithographie, où une chatte blanche et un chat noir s'ébattent sur les toits. Le chat de l'*Olympia* eût donc pu être accepté, comme une de ces fantaisies dont les artistes sont coutumiers. Mais le public était tellement irrité par ce qui venait de Manet, qu'il ne voulait rien lui passer. On se demande ce qui serait advenu de tant de toiles, où les artistes ont introduit des détails fantaisistes ou risqués, si les princes, qui autrefois étaient les seuls patrons de l'art, s'étaient montrés, à la Renaissance et depuis, aussi incapables de compréhension que les Parisiens de 1865.

Je n'ai jamais pu penser à l'indignation soulevée par le chat de l'*Olympia*, sans me reporter au *Couronnement de la reine Marie de Médicis*. Là Rubens a pris une bien autre licence. Il a mis deux gros chiens de chasse sur le devant du tableau, dans la cathédrale, contre le maître-autel, où évêques et cardinaux officient. Henri IV au fond est relégué dans une galerie, tout juste visible, pendant que les deux bêtes se prélassent, sur le premier plan, comme d'importants personnages. Je me figure que ce sont ses propres chiens qu'Henri IV avait donné à peindre, qu'ils ont été mis là pour lui montrer des amis. Si un roi de France avait trouvé bon que des chiens fussent introduits dans une cathédrale au couronnement de la reine, les bourgeois parisiens trouvaient eux fort mauvais qu'un chat fût placé sur le lit d'une femme. Le chat noir de l'*Olympia* fut bientôt connu et honni de toute la ville. La caricature s'en empara et son gros dos et sa longue queue ont longtemps fourni matière aux rires et aux lazzis.

Les deux tableaux de Manet attiraient les visiteurs au Salon par une sorte de fascination violente, comme le rouge les taureaux ou le miroir les alouettes. Tout le monde allait les voir. Devant eux il y avait foule ou plutôt attroupement. Ce n'étaient point en effet de paisibles spectateurs regardant, comme d'habitude, avec plus ou moins d'intérêt, des œuvres dignes, à un titre quelconque, d'attention. C'étaient des gens qui exprimaient à haute voix leur horreur et éprouvaient le besoin de se communiquer les uns les autres leur colère, comme il arrive sur la place publique, lorsqu'au moment des grandes émotions, les passants s'attroupent et vocifèrent ensemble. Pas une parole d'approbation ou de simple tolérance ne s'élevait. L'hostilité était générale. Les uns riaient, haussaient les épaules et ne voyaient surtout là sujet qu'à un méprisant dédain, mais d'autres s'indignaient, montraient le poing et eussent voulu crever les toiles. Il fallut les protéger; des gardiens furent spécialement préposés à leur surveillance.

Manet éprouvait le sort commun aux peintres originaux du siècle, venus rompre, avant lui, avec la routine et la tradition. Tous les autres — tous les grands — avaient eu également à subir la méconnaissance, les railleries et les insultes. C'est ainsi qu'on avait, au commencement du siècle, tenu dans l'ombre Ingres, soupçonné de subir l'influence des primitifs italiens, alors profondément méprisés. Puis on avait couvert d'injures Delacroix qui, disait-on, se livrait à des débauches de couleur et violait toutes les lois du dessin. Puis on avait longtemps ri des deux grands paysagistes Rousseau et Corot, apportant des formules nouvelles. Enfin on avait traîné dans la boue, accusé de laideur absolue, Courbet, qui cherchait dans la vie autour de lui les motifs de ses tableaux. Manet apparu en dernier semblait condenser sur lui, encore accrues, l'opposition et les attaques qu'avaient ensemble supportées tous les autres.

Un changement s'était, en effet, opéré dans les années précédant sa venue. Le public qui s'intéressait aux choses d'art et prétendait juger les peintres s'était énormément accru. Antérieurement, jusqu'alors, la peinture ne s'était adressée qu'à un public restreint, composé d'artistes, de connaisseurs, de gens de lettres et de gens du monde. Les Salons ne s'étaient d'abord tenus qu'à d'assez longs intervalles, dans des locaux étroits, comme le Salon carré du Louvre; les tableaux exposés étaient peu nombreux et le nombre des visiteurs limité. Dans ces conditions la survenue des novateurs n'avait ému qu'un monde restreint; les luttes entre les écoles n'avaient point touché directement le grand public. Elles ne l'avaient atteint que de seconde main, comme bruit venu de loin. Mais depuis que l'immense palais construit en 1855 aux Champs-Élysées pour une exposition universelle avait été affecté à la tenue des Salons, depuis qu'à partir de 1863 ils étaient devenus annuels, que le nombre des œuvres exposées s'était énormément accru, le grand public, le peuple tout entier était entré en contact direct avec les peintres et prétendait maintenant prononcer sur eux. Or, il s'est trouvé que le peuple dans son ensemble, débutant comme juge des œuvres d'art, s'est montré plus épris du convenu, de la tradition, plus hostile aux nouveautés, moins capable de revenir sur ses erreurs, que le monde restreint qui avait été l'arbitre auparavant. Et Manet, le premier grand peintre original apparu depuis que les foules étaient venues s'entasser aux Salons, a dû subir une opposition, des mépris, des outrages dépassant, en continuité et en violence, tout ce que les autres novateurs ses devanciers avaient connu.

La clameur que soulevaient l'*Olympia* et le *Jésus insulté*, s'ajoutant au bruit précédemment fait par le *Déjeuner sur l'herbe*, vint donner à Manet une notoriété telle qu'aucun peintre n'en avait encore possédée. La caricature sous toutes les formes, les journaux de toute opinion s'étant mis avec persistance à s'occuper de lui et de ses tableaux, il acquit bientôt un renom universel. Degas pouvait dire, sans exagérer, qu'il était aussi connu que Garibaldi. Lorsqu'il sortait dans la rue, les passants se retournaient pour le regarder. Quand il entrait dans un lieu public, son arrivée causait une rumeur, on se le désignait de l'un à l'autre comme une bête curieuse. Un débutant avait d'abord pu éprouver du contentement à se voir ainsi remarqué, mais l'attention publique, par la forme qu'elle avait décidément prise, avait bientôt détruit, chez celui qui en était l'objet, la satisfaction qu'elle avait pu d'abord procurer. L'homme ainsi mis particulièrement en vue n'arrivait à cette distinction, que parce qu'on ne le considérait que comme un être hors de la saine raison, que comme un barbare venant saccager le domaine de l'art et fouler aux pieds les traditions, partie de la gloire nationale. Personne ne daignait discuter ses œuvres pour y chercher ce qu'il avait voulu y mettre, pas une voix en crédit ne s'élevait, qui reconnût sa puissance de novateur et la réputation éclatante qu'il acquérait, ne se produisant que pour faire de lui un paria.

Lorsque le Salon fut fermé, au mois d'août, désireux de se soustraire momentanément aux persécutions, il prit le chemin de Madrid, qu'il projetait de visiter depuis si longtemps. Ce fut là que je fis sa connaissance, d'une façon si singulière, et qui peint si bien son caractère impulsif, que je crois devoir raconter l'aventure.

Je revenais du Portugal, que j'avais traversé en partie à cheval, et étais arrivé le matin même de Badajoz, après avoir fait quarante heures de diligence. On venait d'ouvrir à Madrid un nouvel hôtel à la Puerta del Sol, sur le modèle des grands hôtels européens, chose auparavant inconnue en Espagne. J'arrivais épuisé de fatigue et mourant littéralement de faim. Aussi le nouvel hôtel où j'étais descendu m'était-il apparu comme un lieu de délices, un véritable Eden. Le déjeuner devant lequel je m'étais assis m'avait tout de suite fait l'effet d'un festin de Lucullus. Je mangeais avec volupté. La salle était vide ; seul un monsieur, à une certaine distance, se trouvait assis comme moi à la grande table. Il jugeait lui la cuisine exécrable, il commandait à chaque instant quelque nouveau plat, qu'il refusait ensuite irrité, comme inmangeable. Chaque fois qu'il renvoyait le garçon, je le faisais au contraire revenir et, dans mon appétit famélique, reprenais indifféremment de tous les plats. Je n'avais du reste prêté aucune attention à ce voisin si difficile, lorsque, sur une nouvelle demande que je fis au garçon d'un plat qu'il avait refusé, il se leva brusquement et, se plaçant près de ma chaise, m'apostropha avec colère : « Ah ça ! Monsieur, c'est pour me narguer, pour vous f... de moi que vous prétendez trouver bonne cette horrible cuisine et que chaque fois que je renvoie le garçon, vous le faites revenir? » Le profond étonnement que je laissai voir, à cette attaque imprévue, montra tout de suite à mon agresseur qu'il avait dû se méprendre sur le mobile de ma conduite, car déjà radouci, il me dit : « Vous me connaissez sans doute, vous savez qui je suis ? » Encore plus étonné, je lui répondis : « Je ne sais qui vous êtes. Comment vous connaîtrais-je? J'arrive à l'instant du Portugal, où j'ai souffert de la faim, et la cuisine de cet hôtel me semble réellement excellente. » « Ah ! vous arrivez du Portugal, dit-il, eh bien ! moi, je viens de Paris. » Là se trouvait l'explication de notre différence de jugement sur la cuisine, qui prenait tout de suite un caractère comique. Aussi mon homme se mit-il à rire de son emportement. Il me fit alors ses excuses. Nous rapprochâmes nos chaises et finîmes de déjeuner ensemble.

Après il se nomma. Il m'avoua qu'il avait cru découvrir en moi quelqu'un qui, l'ayant reconnu, avait voulu lui faire une mauvaise plaisanterie. L'idée de trouver à Madrid un commencement de ces persécutions, qu'il avait pensé fuir en quittant Paris, l'avait tout de suite exaspéré. La connaissance ainsi commencée se changea promptement en intimité. Nous visitâmes ensemble Madrid. Nous allions naturellement tous les jours faire une longue station devant les Velasquez, au musée du Prado. A cette époque, Madrid avait conservé son vieil aspect pittoresque. La Calle di Sevilla au centre de la ville était encore remplie de cafés, dans d'anciennes maisons, qui servaient de rendez-vous aux gens de la tauromachie, toreros, afficionados et aux danseuses. On tirait de grandes toiles d'une maison à l'autre, aux étages supérieurs, et la rue jouissait de l'ombre et d'une fraîcheur relative dans l'après-midi. Peuplée de son monde pittoresque, elle devint notre séjour préféré. Nous assistâmes aux courses de taureaux et Manet y prit des croquis, qui devaient lui servir à les peindre. Nous allâmes aussi à Tolède voir la cathédrale et les tableaux du Greco.

Je n'ai pas besoin de dire combien Manet, qui avait si longtemps rêvé de l'Espagne, était satisfait de ce qu'il y voyait. Une chose gâtait cependant son plaisir, c'était la difficulté qu'il avait dès la première heure éprouvée et qui avait précisément amené notre rencontre, de se plier à la manière de vivre du lieu. Il ne pouvait s'y faire. Il avait renoncé à manger. Il éprouvait une répulsion invincible à l'odeur des plats qu'on lui apportait. C'était un Parisien qui, en définitive, ne se trouvait bien qu'à Paris. Au bout d'une dizaine de jours, réellement affamé et dépérissant, il dut repartir. Nous revînmes ensemble. On demandait à cette époque les passeports aux voyageurs, et à la gare d'Hendaye, le préposé aux passeports se mit à le considérer avec étonnement. Il s'arrangea pour faire venir sa femme et sa famille, afin qu'elles le vissent aussi. Les autres voyageurs, ayant bientôt su qui il était, se mirent également à le regarder. Ils se montraient tous très étonnés de voir ce peintre, dont la réputation de monstruosité artistique leur était parvenue, se présenter à eux sous les traits d'un homme du monde fort correct et fort poli.

Rentré à Paris, il se remit au travail. Il avait à cette époque quitté son premier atelier de la rue Lavoisier et, après être resté quelque temps dans un autre rue de la Victoire, en avait définitivement pris un, qu'il devait garder des années, rue Guyot, aux Batignolles, derrière le parc Monceau.

Il s'était marié en 1863 avec Mlle Suzanne Leenhoff, une Hollandaise, née à Delft. Elle appartenait à une famille adonnée aux arts. Un de ses frères, Ferdinand Leenhoff, était sculpteur et graveur. Elle était elle-même pianiste et, quoique ne jouant que dans l'intimité, elle cultivait son art assidument. Manet devait donc trouver en elle une personne avec des goûts d'artiste, capable de le comprendre, et, de ce côté, lui venaient l'encouragement et l'appui qui le réconfortaient et lui permettaient de supporter les attaques du dehors. Son père était mort en 1862, laissant à ses trois fils une fortune à se partager, qui les mettait dans l'aisance. Manet se trouvait ainsi dans une position privilégiée parmi les artistes. Il pouvait vivre sans vendre de tableaux, que personne, dans ces premiers temps, n'eût voulu acheter, à n'importe quel prix, et il disposait de ressources suffisantes pour parer aux dépenses d'atelier et de modèles qu'exigeait la poursuite de son art.

Après avoir habité, sa femme et lui, sur le boulevard des Batignolles, ils vinrent vivre, avec Mme Manet mère, rue de Saint-Pétersbourg. Leur appartement conservait le mobilier paternel, de cette forme froide et rigide adoptée sous le règne de Louis-Philippe. On n'y découvrait point de bibelots ou d'objets curieux, à peine deux ou trois tableaux sur les murs, les portraits de son père et de sa mère peints par lui et son portrait peint par Fantin-Latour. Sa mère laissait voir cette distinction et cette aisance de manières des femmes du monde qui ont tenu un salon. Les assidus, membres de la famille, étaient les deux frères Eugène et Gustave. Depuis la mort du père, le conseil et comme le guide de tous se trouvait être un vieux cousin, M. de Jouy, avocat fort estimé du Palais. Manet devait peindre son portrait en 1879.

Manet ne tranchait point en apparence sur son milieu. Rien en lui ne décelait spécialement l'artiste. Il était on ne peut plus correct dans sa tenue. C'est même en partie à son exemple qu'est dû ce changement, qui a conduit les artistes à répudier le genre fantaisiste qu'ils affectaient autrefois, pour prendre la rectitude de vêtement et de tenue des gens du monde.

Rien n'était plus singulier que le contraste qui existait entre Manet, sa famille, son milieu et son rôle d'artiste rénovateur, venant répudier les traditions suivies et l'esthétique alors respectée. Cet homme contre lequel on se soulevait, dont on voulait faire un barbare, peignant avec sauvagerie des scènes jugées d'un bas réalisme, que la caricature, la raillerie, l'indignation de la foule poursuivaient comme une manière de déclassé, était sorti d'une famille distinguée, il vivait régulièrement avec sa femme et sa mère et devait conserver toute sa vie les manières raffinées du monde spécial auquel par sa naissance il appartenait.

L'EXPOSITION PARTICULIÈRE DE 1867

VI

L'EXPOSITION PARTICULIÈRE DE 1867

En 1866, Manet présenta au Salon deux tableaux, le *Fifre* et l'*Acteur tragique*. Ils furent refusés par le jury.

Ce refus se produisait comme la conséquence de l'indignation soulevée par les œuvres exposées l'année précédente. Le jury en 1865, encore sous le coup de la rebuffade que son excessive rigueur lui avait attirée en 1863 de l'Empereur, par l'établissement du Salon des refusés, avait bien pu se montrer coulant en recevant l'*Olympia* et le *Jésus insulté*, mais maintenant, soutenu par l'opinion qui s'élevait unanime contre Manet, il devait revenir à son ancienne rigueur. C'est ce qu'il faisait en repoussant, on peut dire les yeux fermés, les deux œuvres qui lui étaient soumises. Elles étaient en effet de celles que des juges non prévenus n'eussent pu qu'accepter, en y reconnaissant des qualités de facture de premier ordre, alors surtout que le choix et la disposition des sujets ne prêtaient point à la critique, par une nouveauté bien grande. Il s'agissait de deux personnages en pied, sur fonds neutres.

Le *Fifre*, un tout jeune soldat, joue de son instrument. Il vit et ses yeux pétillent. Il est peint en pleine lumière. Le pantalon rouge, le baudrier blanc, les galons jaunes du bonnet de police, le fond bleu de la veste, juxtaposés sans ombre ou transition, présentent un ensemble d'une harmonie étonnante. Seul un homme spécialement doué a pu créer, avec des moyens aussi simples, une œuvre d'une telle valeur picturale. Mais aux yeux de la moyenne des peintres du temps, habitués, comme le public, aux ombres opaques et aux tons éteints, ce magnifique morceau de peinture heurtait la vue. Il semblait criard et violent.

L'*Acteur tragique* digne de son nom, sombre et farouche, se tenait debout, vêtu de noir. C'était l'acteur Rouvière dans le rôle de Hamlet. Il n'y avait point ici de couleurs diverses juxtaposées comme dans le *Fifre*; le ton noir général des vêtements, en accord avec le gris du fond, eût dû faire accepter le tableau à des gens dont les yeux aimaient les ensembles fondus. Mais Manet, pour obtenir son effet tragique, avait peint les traits d'une brosse hardie, par touches puissantes, et il est supposable que c'est cette manière, considérée comme brutale, qui a dû servir de prétexte au jury pour sa condamnation.

Manet voyait donc le jury revenir envers lui à cette inimitié de parti pris qui, pendant les premières années où il avait voulu se produire, l'avait tenu écarté. Il subissait de nouveau l'ostracisme. D'ailleurs il ne pouvait s'attendre à trouver au dehors la moindre commisération. Dans l'état de soulèvement où le *Déjeuner sur l'herbe* et l'*Olympia* avaient mis le public entier contre lui, il se voyait repoussé partout. Les artistes influents, les critiques, les connaisseurs, la presse entière le flétrissaient. Il avait pensé atteindre à la renommée par la production d'œuvres où il avait mis toute son originalité, il était, en effet, parvenu à une renommée extraordinaire de condamné. Il était tombé dans un abîme de réprobation. Il avait perdu, par surcroît, son unique défenseur fidèle de la première heure, Baudelaire, entré l'esprit éteint dans une maison de santé. Il se trouvait donc maintenant seul, son abandon paraissait irrévocable.

Cependant, à ce moment même, son originalité et son apport de nouveauté avaient agi sur plusieurs. Le besoin d'émancipation qui se manifestait chez lui ne pouvait être un fait isolé, il devait aussi exister chez d'autres et alors le bruit éclatant dont il était cause, en le mettant en vue, ne pouvait manquer de lui amener ceux-là. Cette obscure germination qui s'accomplit partout, qui fait que les choses neuves, croyances, doctrines, formes sociales, formes artistiques commencent d'abord à se manifester difficilement chez des individus isolés ou dans de petits groupes, pour s'étendre ensuite peu à peu, devait s'accomplir aussi en faveur de l'esthétique qu'il venait inaugurer. A l'heure même où il semblait à jamais repoussé de tous, il avait ainsi conquis, par affinité, un certain nombre de jeunes gens, qui allaient lui venir comme défenseurs, comme disciples ou comme spectateurs bienveillants.

Il y avait alors à Paris deux jeunes hommes, liés par une amitié d'enfance : Cézanne et Emile Zola. Le premier voulait être peintre et débutait dans son art, le second s'était déjà produit brillamment dans la littérature. Tous les deux dédaignaient les chemins battus. Aussi ayant tout de suite remarqué l'œuvre de Manet, avaient-ils ressenti pour l'auteur cette sympathie de jeunes gens vaillants, entraînés, d'instinct, à se ranger du côté d'un homme jeune comme eux, attaqué brutalement. Leur sympathie devait se traduire en actes. Elle devait conduire le peintre à adopter, après un certain temps, la technique inaugurée par Manet, et, en effet, Cézanne, qui, au début, avait d'abord subi l'influence romantique de Delacroix, puis l'influence réaliste de Courbet, devait finir par se fixer définitivement à la peinture des tons clairs, en pleine lumière et en plein air. Et elle portait Zola l'écrivain, à se servir immédiatement de sa plume, pour se faire, auprès du public, le défenseur du novateur attaqué.

M. de Villemessant dirigeait alors l'*Evénement*. C'était, avant la création du *Figaro* quotidien, le premier journal, paraissant tous les jours, qui fût survenu, avec un caractère littéraire, rédigé par des écrivains d'opinions libres et diverses. Aussi était-il très en faveur sur le boulevard et parmi les gens de lettres, les gens du monde et des théâtres. Zola avait été chargé par M. de Villemessant, qui recherchait les nouveaux venus, d'y rendre compte du salon de 1866. Il s'était tout de suite signalé par l'éclat de son style et le tour donné à sa critique. Ses articles étaient donc fort lus, lorsque dans l'un, publié le 4 mai, on avait vu poindre avec étonnement une théorie sur les artistes originaux, qui ne tendait à rien moins qu'à placer Manet parmi les maîtres. Cet article n'était qu'une préparation; en effet, le 7 mai, il en paraissait un autre très étudié, du meilleur style de l'auteur, consacré à un éloge enthousiaste de Manet et de ses œuvres. Zola, prenant en main la cause de l'artiste que le jury de cette année même repoussait du Salon, le déclarait lui grand peintre, prédisait à ses tableaux, dans l'avenir, une place au Louvre et de plus abîmait à ses pieds les peintres de la tradition alors au pinacle et adulés du public.

L'article de Zola produisit sur le public du boulevard et de la rue la même indignation que les tableaux de Manet avaient produite sur celui du Salon. On n'en pouvait croire ses yeux! Dans un journal littéraire, patronné par les raffinés, lire l'éloge de ce réprouvé de Manet, voir qualifier d'œuvres de maître des créations jugées barbares, d'un affreux réalisme, qui avait rempli d'horreur les gens de goût et fait rire la ville entière! Le soulèvement fut universel. M. de Villemessant s'entendit dire que s'il ne se séparait de son critique d'art, les lecteurs se sépareraient de son journal. Il prit d'abord un moyen terme, en chargeant un second rédacteur de louer les artistes que le premier avait attaqués. Une telle demi-mesure ne pouvait suffire. On voulait que Zola se tût et lui-même, satisfait du coup porté et se refusant à toute concession, interrompit brusquement son Salon et abandonna le journal.

Son départ fut accueilli comme la juste réparation d'un acte inqualifiable. Il avait agi de la façon la plus désintéressée, en prenant en main la cause de Manet, avec lequel il n'avait eu jusqu'alors aucune relation. Son acte lui avait été inspiré par une sincère admiration, et c'était par vaillance, par puissance de tempérament qu'il avait rompu de front avec l'opinion et pris le public comme à la gorge. Mais on ne voulut point croire qu'il en fût ainsi, on lui prêta les mobiles les plus bas. Il fut en butte aux pires accusations. Et son courage lui valut de passer pour un homme de mauvaise foi, manquant de respect à tout ce qui était respectable.

Quelque temps après, M. Arsène Houssaye, qui dirigeait une revue d'art et de littérature, la *Revue du XIXe siècle*, où il voulait donner place à des articles sensationnels, demanda à Zola une étude spéciale sur Manet. Elle parut dans le numéro de janvier 1867. Zola cette fois-ci avait abandonné la partie d'attaque contre les peintres de la tradition, entrée dans les articles de l'*Evénement*, qui avait soulevé une si grande colère. Son étude consacrée exclusivement à Manet, relue aujourd'hui, ne paraît contenir que des vérités très simples. Les jugements qu'il y porte ne pourraient plus soulever d'opposition que chez ces retardataires, attachés aux formules tout à fait mortes, mais, au moment où ils parurent, ils firent l'effet de paradoxes. Il s'étendait surtout sur l'*Olympia*, il la louait sans réserve. Cela suffisait pour que l'on jugeât qu'il devait être au fond de mauvaise foi, ne pensant réellement pas un mot de ce qu'il écrivait. Olympia et son chat noir avaient suscité une telle réprobation, que la moindre défense en paraissait monstrueuse. Non content de la publicité que ses articles avaient reçue dans l'*Evénement* et dans la *Revue du XIXe siècle*, Zola, pour leur assurer la durée, les reproduisit en brochures. Après cette obstination, dans ce qu'on prenait pour une erreur perverse, il fut décidément considéré comme un homme dangereux et la presse entière resta fermée à sa critique d'art.

Manet, sur le moment, ne se trouva avoir rien gagné au plaidoyer de Zola, puisqu'en définitive le public, dans sa colère, les mettait tous les deux au même rang de réprouvés. Mais cette défense retentissante ne l'avait pas moins sorti de l'isolement absolu où il s'était un moment trouvé. Elle allait encourager à venir vers lui les jeunes gens qui déjà se sentaient certaines affinités et, cherchant des voies nouvelles, le prendraient pour porte-drapeau. Il n'était plus seul, Zola était venu comme le premier d'un groupe de combattants qui allait se recruter.

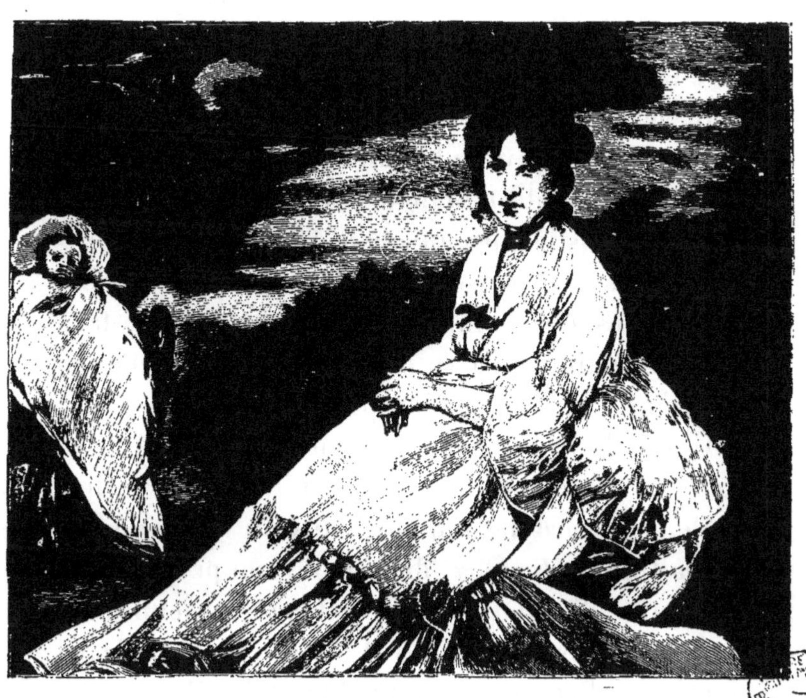

LE JARDIN

Manet s'était vu interdire le Salon de 1866. En 1867 devait se tenir une exposition universelle où, à côté des produits de l'industrie, on ferait une place aux œuvres d'art. Cette exposition dépassait en importance le Salon annuel. Les artistes de toutes nations mis à côté les uns des autres et destinés à être jugés, outre le public parisien, par des spectateurs du monde entier, devaient éprouver un intérêt particulier à s'y montrer. Manet essaya donc de s'y faire recevoir. Mais le jury appelé à désigner les œuvres admissibles le repoussa. En 1867 comme en 1866, il allait ainsi être étouffé. Il ne lui restait plus, dans cette extrémité, qu'à se produire quand même, en recourant à une exposition particulière.

Il avait du reste déjà pratiqué une exposition de ce genre au commencement de 1863. Elle avait eu lieu sur le boulevard des Italiens, dans un local que l'on appelait *Chez Martinet*, du nom de son propriétaire, un homme d'initiative, qui soutenait les jeunes artistes inconnus ou discutés et prenait leurs tableaux pour les mettre sous les yeux du public. Manet avait groupé chez lui quatorze toiles, parmi lesquelles se voyaient la *Musique aux Tuileries*, le *Vieux musicien*, le *Ballet espagnol*, la *Chanteuse des rues*, *Lola de Valence*. Cet ensemble n'avait eu d'ailleurs aucun succès. Les visiteurs n'y avaient découvert que du « bariolage », selon l'expression employée à cette occasion par Paul Mantz dans la *Gazette des Beaux-Arts*. On peut même dire que cette exposition, en indisposant les esprits, avait contribué au refus que le jury du Salon faisait quelques semaines après du *Déjeuner sur l'herbe*.

Mais Manet ne devait jamais se laisser rebuter ; sa persistance à vouloir exposer en tout lieu et à montrer ses tableaux en toute circonstance devait être inébranlable. Il était convaincu que le public, par habitude, arriverait à se familiariser avec ses formes et ses procédés et qu'après s'en être d'abord offensé, il finirait par les trouver bons. Il avait raison au fond ; seulement ce changement qu'il attendait tous les jours comme un accident heureux, susceptible de le favoriser à chaque nouvelle exposition, ne devait réellement avoir lieu qu'après une très longue bataille, continuée pendant des années, et ne serait obtenu que par ses œuvres accumulées tout entières. Toujours est-il qu'avec la détermination de se montrer en toutes circonstances, il ne pouvait se résigner à perdre l'occasion d'une exposition universelle qui s'offrait en 1867, en se laissant étouffer par le refus d'un jury. Il se résolut à montrer l'ensemble de ses œuvres et, à cet effet, il fit élever une construction en bois, une sorte de baraque, près du pont de l'Alma. Il avait obtenu l'autorisation de la placer sur une contre-allée de l'avenue qui longe les Champs-

Elysées, sur le bord de l'eau. L'autorisation d'en élever une semblable avait été accordée à Courbet qui, de même que Manet, s'était vu fermer les portes de l'Exposition universelle. Placés l'un près de l'autre, ils allaient donc tous les deux soumettre leurs œuvres au public dans un local particulier.

L'exposition au pont de l'Alma s'ouvrit en mai 1867. Elle comptait cinquante numéros, à peu près toute l'œuvre de l'auteur. C'était un magnifique ensemble de tableaux, qui sont pour la plupart maintenant entrés dans les musées ou ont pris place dans les grandes collections d'Europe ou d'Amérique. Mais le public ne voulut y voir qu'une réunion de choses grossières. Il y retrouvait surtout le *Déjeuner sur l'herbe* et *l'Olympia*, qui l'avaient si profondément offensé, et le temps écoulé depuis leur apparition était trop court pour qu'il pût être amené à modifier son opinion. On ne faisait du reste aucun tri entre les œuvres, on les condamnait en bloc, comme conçues et exécutées en dehors de toutes les règles du beau. La presse, la caricature s'acharnèrent de nouveau contre Manet et son exposition ne recueillit que railleries et réprobation.

Si on eût été à même de juger avec indépendance et capable de regarder sans prévention, on eût cependant pu se laisser éclairer par la préface du catalogue des œuvres exposées. On eût pu reconnaître en la lisant, que cette outrecuidance qu'on attribuait à Manet, d'homme jaloux de renverser toutes les règles, pour peindre d'une manière non encore essayée, n'existait que dans l'imagination des détracteurs. Il avait en effet inséré en tête de son catalogue, sous le titre de *Motifs d'une exposition particulière*, un appel au public. On y trouve une vue si juste sur son caractère et sur celui de son œuvre, que nous le reproduisons en entier :

« Depuis 1861, M. Manet expose ou tente d'exposer.

« Cette année, il s'est décidé à montrer directement au public l'ensemble de ses travaux.

« A ses débuts au Salon, M. Manet obtenait une mention. Mais ensuite il s'est vu trop souvent écarté par le jury, pour ne pas penser que si les tentatives d'art sont un combat, au moins faut-il lutter à armes égales, c'est-à-dire pouvoir montrer aussi ce qu'on a fait.

« Sans cela, le peintre serait trop facilement enfermé dans un cercle dont on ne sort plus. On le forcerait à empiler ses toiles ou à les rouler dans un grenier.

« L'admission, l'encouragement, les récompenses officielles sont en effet, dit-on, un brevet de talent aux yeux d'une partie du public, prévenue dès lors pour ou contre les œuvres reçues ou refusées. Mais, d'un autre côté, on affirme au peintre que c'est l'impression spontanée de ce même public, qui motive le peu d'accueil que font les divers jurys à ses toiles.

« Dans cette situation, on a conseillé à l'artiste d'attendre.

« Attendre quoi? Qu'il n'y ait plus de jury.

« Il a mieux aimé trancher la question avec le public.

« L'artiste ne dit pas aujourd'hui : Venez voir des œuvres sans défauts; mais : Venez voir des œuvres sincères.

« C'est l'effet de la sincérité de donner aux œuvres un caractère qui les fait ressembler à une protestation, alors que le peintre n'a songé qu'à rendre son impression.

« M. Manet n'a jamais voulu protester. C'est contre lui, qui ne s'y attendait pas, qu'on a protesté au contraire, parce qu'il y a un enseignement traditionnel de formes, de moyens, d'aspects de peinture et que ceux qui ont été élevés dans de tels principes n'en admettent plus d'autres. Ils y puisent une naïve intolérance. En dehors de leurs formules, rien ne peut valoir, et ils se font non seulement critiques, mais adversaires actifs.

« Montrer est la question vitale, le *sine qua non* pour l'artiste, car il arrive, après quelques contemplations, qu'on se familiarise avec ce qui surprenait, et, si l'on veut, choquait. Peu à peu on le comprend et on l'admet.

« Le temps lui-même agit sur les tableaux avec un insensible polissoir et en fond les rudesses primitives.

« Montrer, c'est trouver des amis et des alliés pour la lutte.

« M. Manet a toujours reconnu le talent là où il se trouve et n'a prétendu ni renverser une ancienne peinture, ni en créer une nouvelle. Il a cherché simplement à être lui-même et non un autre.

« D'ailleurs M. Manet a rencontré d'importantes sympathies et il a pu s'apercevoir combien les jugements des hommes d'un vrai talent lui deviennent de jour en jour plus favorables.

« Il ne s'agit donc plus, pour le peintre, que de se concilier le public dont on lui a fait un soi-disant ennemi. »

Mai, 1867.

Quand Manet disait : « M. Manet n'a jamais voulu protester. C'est contre lui, *qui ne s'y attendait pas*, qu'on a protesté au contraire. » Quand il disait encore : « M. Manet a toujours reconnu le talent là où il se trouve et n'a prétendu ni renverser une ancienne peinture, ni en créer une nouvelle. Il a cherché simplement à être lui-même et non un autre », il exprimait de bonne foi une parfaite vérité. L'idée de révolte personnelle, pour se soustraire aux préceptes des ateliers et à une tradition qu'il jugeait vieillie, lui était certes venue et lui appartenait, mais non celle qu'on lui prêtait, de chercher, avec outrance, à heurter les règles de tout temps observées. Rien n'était plus éloigné de son esprit. Jamais il n'avait entendu protester, de manière à froisser le public et à se l'aliéner. La situation de réproavé qu'on lui faisait lui était au contraire odieuse. Il ne demandait qu'à conquérir le public, il avait toujours pensé qu'il y parviendrait. Il ne pouvait même s'expliquer comment les œuvres qu'il produisait, selon sa pente naturelle, pouvaient être répulsives et pourquoi on s'indignait à leur vue. Aussi s'attendait-il toujours à voir le public revenir à de meilleurs sentiments à son égard. Chaque fois qu'un défenseur, un disciple parmi les jeunes ou un simple spectateur bienveillant se déclarait, il accueillait ces marques isolées avec une satisfaction hors de leur importance, croyant y voir le point de départ de ce changement envers lui, sur lequel il comptait toujours.

Jamais en effet personne n'a peint avec plus de sincérité et, pour une part, avec plus de naïveté que

Manet; jamais personne n'a, le pinceau à la main, absorbé par le sujet, cherché à le rendre plus fidèlement. Le dissentiment survenu entre le public et lui provenait donc d'une différence de vision. Manet et les autres ne voyaient pas de la même manière, leurs yeux ne percevaient pas de semblables images. Or, dans ce désaccord, c'était le peintre qui avait raison. Quand on disait : « Ce nouveau venu ne peut cependant être dans le vrai contre le peuple entier, qui le condamne et qui serait, lui, dans l'erreur », c'était bien réellement le nouveau venu qui avait raison contre tous les autres, qui avaient tort, qui voyaient et jugeaient mal.

Les autres ne promenaient autour d'eux que des yeux éteints, tandis que Manet possédait une vision éclatante. Les choses lui apparaissaient en pleine lumière, avec une splendeur exceptionnelle. La nature l'avait réellement doué d'une manière spéciale et, par là, l'avait créé pour être peintre, dans le grand sens du mot. C'est ce que Zola avait tout d'abord reconnu et qu'il criait à la foule, en lui disant : « Manet possède un tempérament à part, il est doué d'une vision inattendue. L'exception qui vous le rend antipathique est la raison même de sa supériorité. Elle doit le faire prédominer sur les artistes de cette tradition banale et de ces pastiches courants, que vous admirez, parce qu'ils sont à l'unisson de votre platitude, mais qui, dépourvus d'originalité et d'invention, ne sauraient vivre ».

La faculté de voir à part ne venait, chez Manet, ni d'un acte raisonné, ni d'un effort de volonté, ni du travail. Elle était le seul fait de la nature. Elle était le don. Elle correspondait chez lui peintre, à la supériorité qui chez l'écrivain crée le poète, l'homme à part, exceptionnellement inspiré. On peut apprendre le métier de la peinture et parvenir à peindre, on peut apprendre la versification et réussir à faire des vers, mais cela ne permettra à personne, qui n'a été spécialement doué, de se dire peintre ou poète, au sens élevé du mot. Manet avait été doué par la nature pour être peintre. Il voyait les choses dans un éclat de lumière, que les autres n'y découvraient pas, il fixait sur la toile les sensations qui avaient frappé son œil. En le faisant il agissait inconsciemment, puisque ce qu'il voyait lui venait de son organisation. Rien n'était donc plus faux que de l'accuser de s'adonner à la soi-disant peinture bariolée, de propos délibéré, et par pur désir d'attirer l'attention.

Pour une part, l'originalité qui soulevait le public contre lui était donc l'effet d'une manière d'être organique, à laquelle il obéissait sans y pouvoir rien changer; mais pour l'autre, elle venait de l'esthétique particulière qui le guidait, et qui alors était le résultat d'une préférence. Aussi bien le choix lui en avait été dicté, en partie, par l'étude des devanciers, avec lesquels ses penchants l'avaient fait entrer plus spécialement en contact. Cet homme, accusé d'ignorance, avait étudié, comparé, copié dans les musées. Il avait fait des voyages pour connaître les maîtres étrangers. Ses affinités l'avaient porté vers Frans Hals parmi les Hollandais, les Vénitiens parmi les Italiens, Velasquez et Goya parmi les Espagnols. Or l'esthétique qui était sienne avait aussi été la leur.

Tous ceux-là en effet avaient étudié la vie autour d'eux, s'étaient tenus dans le monde de leur temps, avaient peint les hommes de leur milieu, avec les costumes qu'ils portaient. Ce grossier réalisme que le public prétendait trouver chez Manet, pour lequel il l'accablait d'injures, n'était, sous une forme adaptée à des conditions nouvelles, que la peinture du monde vivant, telle que l'avaient connue les Hollandais, les Vénitiens et les Espagnols. Whistler a très bien dit, dans son *Ten o'clock*, que tous ceux-là avaient su reconnaître la beauté, dans les conditions de vie les plus diverses : « Comme Rembrandt quand il découvrait une grandeur pittoresque et une noble dignité au quartier juif d'Amsterdam, sans regretter que ses habitants ne fussent pas des Grecs. Comme Tintoret et Paul Véronèse parmi les Vénitiens, ne s'arrêtant pas à changer leurs brocarts de soie pour les draperies classiques d'Athènes. Comme Velasquez à la cour de Philippe, dont les Infantes, habillées de jupons inesthétiques, sont artistiquement de la même valeur que les marbres d'Elgin. » Ainsi cette accusation élevée contre Manet, de violer toutes les règles jusqu'à ce jour admises, ne venait que de la médiocrité de vision du public, que de son étroitesse de jugement, que de son ignorance du passé, que de son amour de la routine et de sa complaisance pour la banalité.

Manet n'avait jamais connu cette révolte contre les règles et contre les maîtres qu'on lui prêtait. Personne n'admirait plus que lui les vrais maîtres modernes, Ingres, Delacroix, Courbet. Personne n'avait plus étudié que lui les maîtres anciens pour lesquels il se sentait de l'affinité. Il tenait d'ailleurs à proclamer lui-même, en toutes circonstances, le respect qu'il ressentait pour les grands artistes ses devanciers. Il n'était pas plus en dehors des réelles données de l'art que Wagner, qui a subi, en partie, les mêmes reproches que lui. Tout le monde voit aujourd'hui que Wagner n'a fait que développer la musique allemande, que loin d'être en contradiction avec le passé, il s'appuie en partie sur lui. Il a repris, par la liaison étroite du drame écrit et de la musique, le système de Glück et, pour l'orchestration et la polyphonie, s'est d'abord inspiré des dernières œuvres de Beethoven. Wagner n'a été en révolte que contre la banalité, la platitude et les formules triviales de son temps. Il en a été de même de Manet, il était en révolte contre le soi-disant grand art traditionnel et un prétendu idéal, qu'il jugeait décrépits et sans avenir. Il s'était personnellement mis à rechercher un renouveau, en s'appuyant sur l'observation du monde vivant. Par là il continuait l'école française et, à la suite des vrais maîtres qui, dans ce siècle, l'ont développée, lui faisait faire un pas en avant.

On voit très bien cela maintenant, mais au moment, en 1867, où le public avait sous les yeux un ensemble d'œuvres qui lui eût déjà permis de le voir, ses préjugés et son ignorance l'en empêchaient, et il continuait et devait continuer longtemps à poursuivre Manet de ses railleries et de ses insultes.

DE 1868 A 1871

VII

DE 1868 A 1871

Manet, au cours des neuf années où, depuis 1859, il avait présenté des tableaux aux Salons ou expositions officielles, les avait vu repousser quatre fois et accepter seulement trois. Mais sa persistance à vouloir se montrer, sa décision, à l'occasion de l'Exposition universelle, de mettre sa production entière sous les yeux du public, le bruit énorme fait autour de son nom, lui avaient créé une importance assez grande, pour qu'il devînt à peu près impossible de le proscrire plus longtemps. En outre certains, tout en condamnant d'avance ses œuvres, exprimaient cependant le désir de les voir. D'autres, par pure générosité et esprit de justice, frappés de la persévérance d'un homme obstinément sur la brèche, eussent sûrement protesté contre les rigueurs du jury, si elles se fussent renouvelées. Toutes ces causes devaient donc amener, en faveur de Manet, un changement dans la conduite des jurys, tellement qu'après avoir vu ses tableaux refusés systématiquement aux Salons, il devait maintenant les voir, comme règle, admis, et les refus qui pourraient encore l'atteindre ne surviendraient plus que comme des exceptions. En 1868, il présente au Salon deux tableaux : le *Portrait d'Emile Zola*, et *Une jeune Femme*, qui sont donc reçus.

Le *Portrait d'Emile Zola* était comme le *Fifre* de l'année précédente, un de ces puissants morceaux de peinture qui n'eussent pu manquer d'être admirés, par des spectateurs en état de juger sainement. Il souleva de nécessité cette sorte d'opposition qui accueillait les œuvres de son auteur, cependant les critiques se trouvèrent accompagnées de réserve. On ne put s'empêcher de remarquer la tête pleine de vie et de fermeté, où se révélait la force de caractère du modèle. La facture de diverses parties, d'une superbe pâte, ne pouvait non plus manquer de frapper certains artistes, plus ouverts que les autres. Ceux-là reconnaissaient que Manet possédait des qualités natives de peintre, mais après avoir autrefois déclaré qu'il en faisait un usage absolument détestable, ils commençaient à concéder que l'usage devenait moins mauvais. En somme le portrait ne souleva qu'une opposition mitigée.

Toutefois, comme on ne faisait ces concessions qu'à contre-cœur, ayant devant soi deux tableaux à juger, on se dédommageait sur l'autre, que l'on condamnait alors sans réserve. Il s'agissait d'une jeune femme en pied, de grandeur naturelle, vêtue d'un peignoir rose. Le visage laissait voir ce type spécial qui apparaissait sur les têtes peintes par Manet, comme une marque de famille, mais qui constituait précisément une de ces particularités ayant le don d'exaspérer. A côté de la femme était placé un perroquet sur un perchoir. Une telle fantaisie ne pouvait manquer non plus d'irriter, aussi la jeune femme fut-elle fort mal traitée par le public, qui la dénomma impoliment la *Femme au perroquet*.

En 1869, Manet envoya au Salon le *Balcon* et le *Déjeuner*. Le *Balcon* souleva le mépris du public, à un tel point qu'on put croire que son auteur n'avait fait aucun progrès auprès de lui. Ce n'était plus cette colère qu'avaient vue le *Déjeuner sur l'herbe* et l'*Olympia*, le sujet ne la comportait pas, mais de la pure raillerie. On éprouvait le besoin de rire, aussi une gaieté bruyante régnait-elle dans l'attroupement formé en permanence devant le tableau. Il représentait deux jeunes femmes, l'une assise, l'autre debout, sur un balcon, avec un jeune homme debout par derrière, au second plan. Le balcon était peint en vert et aux pieds des femmes se trouvait un petit chien. Il semble étrange qu'une telle scène pût causer, à première vue, de l'hilarité. L'intérêt à y prendre résidait évidemment dans la valeur en soi de la peinture et dans les particularités de facture. Mais ce sont là des points qui échappent au public, à peu près en tout temps, et qui échappaient entièrement au public de cette époque, en présence de Manet.

Il ne venait à l'esprit de personne non plus de se demander pourquoi, chaque année, on retournait devant ses tableaux et on les choisissait de préférence à tous autres pour se rencontrer. On eût pu se dire, avec un peu de réflexion, que cette singularité de composition et de facture, que cette lumière éclatante qui les faisaient ressortir et attiraient le public, étaient précisément la preuve chez l'artiste de ces facultés exceptionnelles, que seuls possèdent les vrais maîtres. Mais le public subissait l'attraction sans s'inquiéter d'en chercher la cause et une fois devant les œuvres, il se mettait d'abord à railler. Le balcon vert cette fois-ci lui paraissait une horreur. Avait-on jamais vu un balcon vert! Les deux femmes étaient, disait-on, désagréables de figure et mal fagotées et le chien, à leurs pieds, devenait un petit monstre, aussi en dehors du bon sens que le chat de l'*Olympia*.

C'est que le public le prenait de haut avec Manet. Il le traitait en fort petit garçon. Il entendait le relever de ses erreurs et lui enseigner les règles de son art, qu'évidemment il ignorait. Pensez donc! avec lui on avait affaire à un homme qui méprisait le grand art traditionnel, considéré seul comme de l'art véritable. C'étaient des scènes de la vie de chaque jour qu'il s'acharnait à peindre. Il ne pouvait dès lors en imposer. Ah! en présence des œuvres du grand art, il en était autrement. Là le respect régnait. On entrait dans l'ordre des choses qu'on disait idéalisées. Or le public se rendait assez compte de son infirmité, pour savoir qu'il était, lui, incapable d'idéalisation. Il respectait donc de confiance les œuvres crues idéalisées comme supérieures. Puis les sujets mythologiques ou historiques, les costumes et les draperies prises hors des formes familières, le tenaient encore sur la réserve et l'empêchaient de se croire juge. Il passait ainsi devant les tableaux du soi-disant grand art traditionnel, aux formes soi-disant idéalisées, sans trop savoir s'il se plaisait ou non à les regarder, mais respectueux et admirant de confiance. Alors il arrivait devant les toiles de Manet et son attitude changeait. Il n'était plus retenu ici en rien, de manifester son opinion. Il ne s'agissait plus de dieux et de héros, on avait sous les yeux des hommes ordinaires, vêtus comme le commun des mortels. Aussi le public se croyait-il apte à prononcer en toute sûreté et il s'en donnait à cœur joie. C'étaient des femmes, et toutes les femmes se prenaient à regarder comment étaient façonnées leurs robes, qu'elles déclaraient affreuses, et les hommes clamaient que ces femmes n'étaient point jolies et désirables, puis on passait aux accessoires, pour les trouver ridicules, et au petit chien, pour le juger comique. Aller rire devant le *Balcon* était devenu un des plaisirs du Salon.

Le *Balcon* attirait tellement l'attention que le *Déjeuner* demeurait comme négligé. Un jeune homme vêtu d'un veston de velours s'y trouvait placé sur le devant, appuyé contre une table encore servie, tandis qu'un homme assis et une servante debout se voyaient au second plan. C'était son beau-frère Léon Leenhoff, qui avait posé pour le jeune homme en veston de velours. Le tableau était peint dans une donnée générale de tons gris et noirs harmonieux, que le public eût pu être plus particulièrement porté à accepter. Il est même probable que, comme le portrait de Zola de l'année précédente, il eût rencontré une certaine faveur, si le soulèvement causé par le *Balcon* n'eût été tellement violent, qu'il s'étendait à lui.

Cependant, maintenant que Manet, ayant comme forcé l'entrée des Salons, s'était pendant deux ans remis en vue, il devenait définitivement l'homme qui personnifiait le mouvement de révolte contre la tradition et la routine des ateliers. Il voyait donc venir vers lui, en admirateurs, ces artistes possédés eux aussi du besoin de l'originalité et à la recherche de voies nouvelles.

Une des adhésions qu'il recueillit alors fut celle de Mlle Berthe Morisot. Née à Bourges en 1841, elle appartenait à une famille de vieille bourgeoisie. Une vocation décidée l'avait portée vers la peinture. Son premier maître avait été Guichard, puis elle avait profité des conseils de Corot. Elle avait exposé aux Salons de 1864, 65, 66, 67 des tableaux remarqués de certains critiques. Tout en venant se rattacher à Manet, il ne faudrait point la donner comme devenue véritablement son élève. Manet qui avait en aversion la tradition des ateliers, qui était l'indépendance même, n'eût pu se prêter à enseigner régulièrement; mais par la montre de sa peinture aux Salons d'abord, puis par ses conseils et sa sûreté de jugement, il devait, sans se transformer en professeur, agir sur un grand nombre d'artistes, en voie de se former ou déjà formés. Mlle Morisot était du nombre. Elle devait subir son influence dans toute sa plénitude, pour arriver à peindre comme lui dans les tons clairs, sans l'intervention des ombres traditionnelles. Mais tout en se transformant de manière que ses œuvres doivent être rangées comme parenté, tout à côté de celles de l'initiateur, elle a toujours su garder son originalité. C'était une femme distinguée, d'un grand charme et d'une exquise sensibilité. Ses qualités féminines se retrouvent dans sa peinture, qui est raffinée et cependant sans ce maniérisme et cette sécheresse qu'on peut reprocher généralement aux artistes de son sexe. Elle allait se placer au premier rang dans l'école née sous l'influence de Manet, qui devait prendre le nom d'Impressionniste.

Une grande intimité s'établit entre la famille de la jeune femme et celle du peintre, et quelques années après, elle épousa son frère cadet Eugène. Tout en lui donnant des conseils, Manet toujours à la recherche de modèles variés et caractéristiques s'était emparé d'elle pour la placer dans ses tableaux. Elle lui avait donné ainsi la femme assise dans le *Balcon*, qui excitait précisément au Salon de 1869 une telle raillerie. Il peignit encore d'elle en 1870 un grand portrait en pied, exposé au Salon de 1873 sous le titre le *Repos* et en outre plusieurs portraits, à diverses époques, en buste ou en tête.

Un des tout premiers à se rallier à l'art de Manet et à comprendre la valeur de son système de peindre en tons clairs juxtaposés avait été Camille Pissarro. Né en 1830, il avait présenté aux Salons des tableaux dès 1859 et avait été reçu cette année-là. Depuis il s'était vu plusieurs fois repoussé, en particulier au Salon de 1863, et s'était alors trouvé le compagnon de Manet au Salon des refusés. Il prenait tout de suite la défense du *Déjeuner sur l'herbe* et de l'*Olympia*, parmi les jeunes artistes et les hommes de sa connaissance s'intéressant aux choses d'art. A l'écart des voies battues, il ne pouvait manquer d'accueillir avec joie la manifestation de formules nouvelles. Il fit personnellement la connaissance de Manet en 1866 et entra alors avec lui en relations amicales suivies. Il se sentait surtout porté vers la peinture de paysage; il devait s'y faire une place de maître par la sincérité de l'observation, le sentiment de la nature agreste et le charme rustique, que laisseraient voir ses œuvres.

En 1862 quatre jeunes gens, Claude Monet, Renoir, Bazille, Sisley, se rencontraient dans l'atelier de Gleyre et s'y liaient d'amitié. Ils devaient après cela subir les mêmes influences, se faire une même esthétique et se développer concurremment. Au moment où ils cherchaient encore leur voie, Manet était en pleine production; aussi sa manière de peindre en clair devait-elle avoir sur eux une influence décisive.

Claude Monet en particulier, étant allé voir l'exposition faite chez Martinet en 1863 d'un ensemble d'œuvres de Manet, en avait reçu une véritable commotion. Il avait tout de suite reconnu que là étaient ses affinités. Il s'était donc mis à peindre en tons clairs et, comme il était porté vers la peinture de paysage, il s'était mis, en même temps, à peindre en plein air. L'adoption des tons clairs et de la pratique du plein air étaient alors des particularités assez neuves, pour ne pouvoir manquer d'attirer l'attention. Aussi lorsque Claude Monet apparut pour la première fois au Salon, en 1865, avec deux marines, fut-il remarqué. C'était l'année même ou Manet faisait un si grand bruit avec son *Olympia*. Il avait complètement ignoré l'existence de Monet, plus jeune que lui de huit ans et resté jusqu'alors inconnu. Il découvrit au Salon les deux marines; les voyant signées d'un nom si semblable au sien, il crut à une sorte de plagiat et s'éleva d'abord contre leur auteur, en demandant avec humeur, autour de lui : « Quel est ce Monet qui a l'air de prendre mon nom et qui vient ainsi profiter du bruit que je fais? » Monet, au su de ces interrogations, prit grand soin d'accoler, en toutes circonstances, son prénom de Claude à son nom patronymique, pour se bien

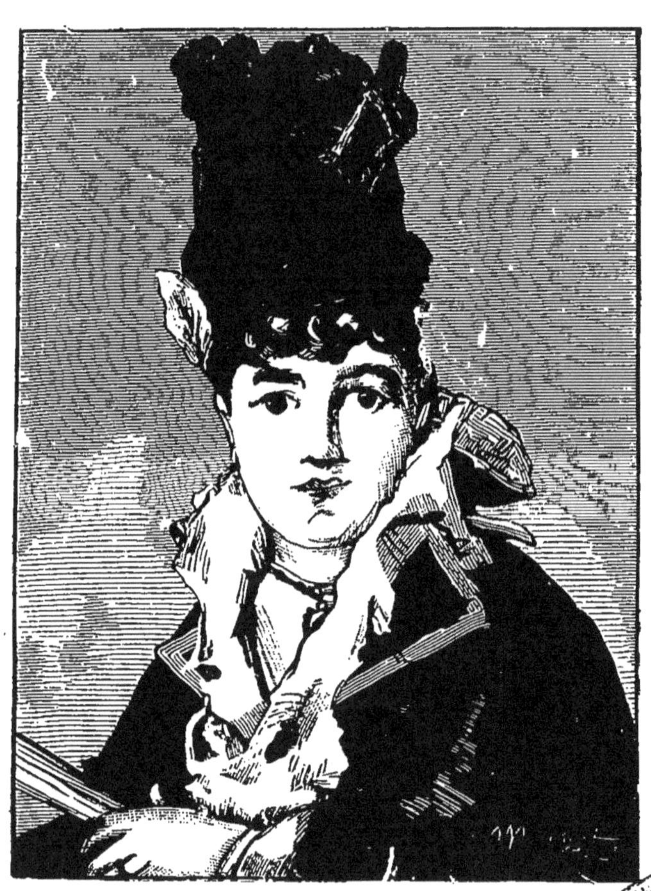

TÊTE D'ÉTUDE

distinguer et empêcher toute confusion avec le quasi-homonyme.

Les deux hommes restèrent après cela près d'un an sans se rapprocher, lorsqu'en 1866 Monet, conduit par Zacharie Astruc, alla voir Manet dans son atelier et, à partir de ce moment, les relations les plus amicales s'établirent entre eux. A cette époque, Renoir, Bazille et Sisley entraient également en rapports avec Manet et ainsi le groupe des quatre amis, d'abord formé dans l'atelier de Gleyre, se trouva tout entier uni à lui.

Pissarro, Claude Monet, Renoir, Berthe Morisot, Cézanne, Sisley, étaient des peintres qui devaient partir du point de départ de la peinture claire, dont ils auraient reçu l'exemple de Manet, pour aller en avant dans une voie qui devait les conduire à ce que l'on appellerait l'Impressionnisme, mais Manet, sans les influencer d'une manière aussi directe, par son initiative de peindre les scènes du monde vivant, devait cependant agir sur certains autres artistes qui, le voyant entrer dans des voies nouvelles, allaient sentir qu'il leur conviendrait à eux aussi de s'y engager. Tel était Degas, de deux ans environ plus jeune que lui, doué d'une puissante originalité et d'une manière d'être très tranchée. Si Manet devait être surtout peintre, Degas devait être surtout dessinateur. Il avait été élève de Lamothe et de l'École des Beaux-Arts. Sous l'influence du premier enseignement, il semblait devoir se tenir à la rigide tradition classique. Parmi ses productions de jeunesse, se trouvent des dessins exécutés selon les procédés d'Ingres. Il avait aussi, de bonne heure, fait une copie de l'*Enlèvement des Sabines* du Poussin qui, par sa fidélité et sa précision, avait révélé ses dons naturels de dessinateur. Puis, commençant à produire des œuvres personnelles, il avait peint un tableau d'histoire, où Sémiramis avait formé le sujet. Tout paraissait donc indiquer qu'il se consacrerait aux sujets classiques, à la peinture d'histoire. Mais il avait l'esprit trop ouvert pour ne pas reconnaître que la tradition classique était épuisée. Il voyait en même temps apparaître, avec l'art de Manet, une esthétique nouvelle, appropriée aux besoins nouveaux. Aussi, délaissant la voie de la tradition où il était d'abord entré, s'engageait-il lui aussi, sans esprit de retour, dans celle de l'observation du monde vivant.

Une grande amitié s'était établie entre Manet et Fantin-Latour, quoiqu'ils différassent profondément. Manet se montrait surtout vif dans ses allures, homme d'impulsion et de saillie, Fantin-Latour demeurait au contraire replié sur lui-même, porté à la rêverie et à la mélancolie. Les deux hommes s'étaient probablement sentis attirés l'un vers l'autre, par le contraste même qui existait entre eux. Leur liaison datait de 1857. Elle s'était nouée au Louvre où Fantin travaillait assidument, persuadé que les meilleures leçons étaient à trouver auprès des vieux maîtres. Ils s'étaient d'abord rencontrés copiant les mêmes tableaux des Vénitiens, vers lesquels une commune admiration les avait portés. L'amitié ainsi commencée s'était resserrée à l'occasion du Salon de 1861, où ils avaient été reçus ensemble, et à l'occasion de celui de 1863, où ils avaient été tous les deux refusés. Fantin-Latour devait garder son originalité en face de Manet. Il peignait dans des tons gris qui lui étaient propres. Il avait exécuté, sous le titre d'*Hommage à Delacroix*, une composition mise au Salon de 1864, où un certain nombre de jeunes artistes étaient assemblés autour d'un portrait de Delacroix, et il y avait fait figurer Manet au premier plan. Il peignait aussi un portrait de son ami, exposé au Salon de 1867.

C'était un groupement qui se formait d'hommes pénétrés du besoin d'émancipation et unis par un même désir de trouver des voies nouvelles. Manet, par la renommée qu'on lui avait faite de révolté, devenait celui vers lequel les autres convergeaient. Il servait à les rallier et à les tenir ensemble. Le café Guerbois, aux Batignolles, à l'entrée de l'avenue de Clichy, devint le lieu choisi pour se réunir. Manet, qui habitait dans le voisinage, y venait fréquemment le soir. Le vendredi était le jour spécial, où l'on se rencontrait plus volontiers. A côté des peintres se voyaient des graveurs, Desboutins, Belot, un sculpteur poète Zacharie Astruc. Aux artistes se joignaient des hommes de lettres ; Duranty, romancier et critique de l'école dite alors réaliste, y était fort assidu; on y trouvait aussi Zola, Cladel, Philippe Burty, Vignaux, Babou. D'autres, en assez grand nombre, y apparaissaient visiteurs irréguliers, plus ou moins liés d'amitié ou d'opinion avec les assidus du lieu.

Ces hommes se trouvaient là groupés, sur la hauteur de la place Clichy, comme sur une sorte de mont Aventin. La grande ville au-dessous d'eux leur était hostile, elle semblait vouloir à jamais leur rester fermée. Mais ils possédaient la force de la jeunesse, ils avaient foi en l'avenir, ils se sentaient au-dessus du mépris et des railleries. L'isolement ne les effrayait point. Manet avait l'habitude de dire : « Il faut être mille ou seul. » Ils portaient véritablement en eux des éléments de renouveau et des germes de vie, et ils devaient à la longue réaliser leur rêve de conquérir la grande ville, qui maintenant les repoussait.

En 1870, Manet exposa au Salon deux tableaux, la

Leçon de Musique et le *Portrait de Mlle E. V.* (Eva Gonzalès).

La *Leçon de Musique* présentait un sujet très simple, une scène à deux personnages de grandeur naturelle. Le maître qui donne la leçon, un jeune homme, est assis sur un divan. Il pince de la guitare pour accompagner l'élève, une jeune femme, placée près de lui, suivant du doigt, sur un cahier de musique, l'air qu'elle chante. Manet, selon son habitude de renouveler constamment ses modèles et de les choisir à physionomie tranchée, avait fait poser Zacharie Astruc pour le maître de musique. Il avait déjà peint un portrait de lui en 1863. Zacharie Astruc alors mêlé, en la double qualité de sculpteur et de poète, aux luttes du groupe rassemblé autour de Manet, possédait une tête caractéristique de Méridional et était un modèle toujours prêt. Manet, l'introduisait donc dans sa *Leçon de Musique*. Ce jeune homme et cette jeune femme assis simplement l'un près de l'autre ne pouvaient donner lieu à de bien vifs commentaires. Aussi le tableau ne souleva-t-il point la tempête et les railleries, comme le *Balcon* du Salon précédent; d'ailleurs il ne plut à personne et ne reçut qu'un accueil froidement méprisant.

Entre les deux tableaux exposés annuellement par Manet, il y en avait toujours un qui attirait plus spécialement les regards, devant lequel la foule se tenait plus compacte, et cette année-ci ce fut le *Portrait de Mlle E. V.* (Eva Gonzalès). Manet a peint en Mlle Gonzalès la seule élève qu'il ait réellement eue et qu'il ait à peu près entièrement formée. Je dis à peu près, parce que la jeune fille, avant de se mettre sous sa direction, avait déjà reçu certaines leçons du peintre Chaplin. C'était une personne d'une beauté éclatante, à la Marie-Thérèse, fille d'Emmanuel Gonzalès, romancier et secrétaire de la Société des gens de lettres. Elle devait épouser le graveur Guérard et mourir toute jeune des suites de couches. Elle était parvenue assez rapidement, sous la direction de Manet, à peindre d'une manière vigoureuse, mais elle n'a pu produire que quelques œuvres avant de mourir.

Eva Gonzalès avait été représentée par Manet de grandeur naturelle, assise devant un chevalet, peignant un bouquet de fleurs, vêtue d'une robe blanche : le fond était en gris clair et par terre s'étendait un tapis bleu azur. Le tableau se trouvait donc exécuté en pleine clarté, les couleurs diverses s'y trouvaient juxtaposées, comme toujours, sans transition et sans atténuation de demi-tons. Aussi cet arrangement offusquait-il ; les visiteurs le déclaraient brutal et criard. Il fallait vraiment que le public, habitué depuis de longues années aux ombres opaques, que les peintres étendaient sur leurs toiles, se fût fait des yeux d'oiseau de nuit, pour que ce portrait d'Eva Gonzalès lui déplût. Si véritablement le tableau était peint tout en clair, il n'offrait cependant rien de heurté et de violent; l'ensemble était d'une grande tenue. On me permettra de reproduire le jugement qu'il me suggérait dans le moment, que publiait l'*Électeur libre* du 9 juin 1870 : « Nous déclarons, en face de ce portrait, qu'il nous est absolument impossible de comprendre ce qui peut exciter ce parti pris de dénigrement de tout ou partie du public. Le ton de l'ensemble n'est nullement cru ou criard; tout au contraire la robe blanche de la jeune fille, d'un ton éteint, se marie harmonieusement avec le tapis d'un bleu azuré et avec le fond gris du tableau ; la pose est naturelle, le corps plein de mouvement et quant aux traits du visage, si on leur retrouve le type d'une saveur si particulière qui est celui de M. Manet, ce type est au moins cette fois-ci plein de vie et ne manque pas d'élégance. »

Ces réflexions, maintenant que le tableau revu n'excite plus de désapprobation, peuvent sembler banales, mais lorsqu'elles parurent, dans un journal grave, elles firent l'effet de paradoxes. C'est du reste avec une peine extrême que je les avais fait accepter et je raconterai comment j'y étais parvenu, ce qui me donnera l'occasion de faire connaître la conduite que la presse tenait alors à l'égard de Manet. Tous les ans, lorsque le Salon s'ouvrait, les journaux illustrés et les feuilles de la caricature, avant d'avoir rien examiné, se livraient à un débordement de charges et de dessins grotesques, aussi offensants que possible. Manet était traité comme le dernier des rapins, produisant des œuvres simplement bouffonnes. Les grands journaux se taisaient, passaient son exposition sous silence ou, s'ils en parlaient, c'était pour montrer leur supériorité, pour faire la leçon au peintre et lui enseigner les règles de son art, qu'évidemment il ignorait. On voulait bien quelquefois lui reconnaître des dons naturels, mais pour déclarer aussitôt qu'il en faisait le plus mauvais usage. Telle était l'attitude des grands journaux, qui se respectaient encore assez pour ne pas trop s'abandonner aux injures. Mais dans les autres d'ordre secondaire, où la critique du Salon était confiée à des écrivains de rencontre ou aux premiers venus, on se livrait aux attaques les plus grossières. Le pire des malfaiteurs eût pu à peine exciter une poursuite aussi féroce, répétée d'année en année.

Parmi les amis de Manet, cette conduite de la presse causait une colère sans mélange. Le public, on n'en parlait pas, on ressentait pour sa stupidité un tel mépris. Mais ces journalistes, qui faisaient la leçon aux autres, qui se targuaient auprès de leurs lecteurs de lumières spéciales et qui, incapables de compréhension, n'étayaient leurs critiques que sur des insultes! Ceux-là étaient de purs criminels. Cependant, que faire! Depuis la réprobation que Zola avait soulevée par ses articles, la presse entière demeurait fermée. Les directeurs de journaux faisaient bonne garde et tous les projets nourris autour de Manet pour s'insinuer dans certaines feuilles restaient vains.

J'étais alors lié d'amitié avec les frères Picard. Ernest Picard, le député, avait fondé avec un groupe de parlementaires un journal, l'*Électeur libre*, dont son frère Arthur était devenu rédacteur en chef. J'allai trouver ce dernier et je convins avec lui de faire, pour son journal, le compte rendu du Salon de 1870. Ma collaboration serait gratuite, ce qui m'assurerait la liberté entière de mes jugements. Il ne se doutait point que mon intention fût de défendre Manet. Deux articles avaient paru, dont il s'était montré satisfait, mais avant que je n'eusse écrit le troisième, quelqu'un était allé lui dire qu'il pouvait s'attendre à ce qu'étant l'ami de Manet, j'entreprisse son éloge. Un matin, je vois entrer chez moi Arthur Picard tout effaré, qui me demande si j'avais réellement l'intention, comme on le croyait, de louer Manet, dans un journal aussi respectable que le sien, s'adressant à des lecteurs aussi choisis, etc., etc. Je lui répondis qu'en effet je me proposais d'écrire un article spécial sur Manet, où, selon la convention qui m'assurait la liberté de mes jugements, je dirais de ses œuvres le bien que j'en pensais. Mon visiteur abasourdi me déclara alors, que quand nous avions conclu notre arrangement, il n'avait été question de rien de semblable, que Manet et sa peinture étaient des choses à part et qu'il n'avait jamais pu venir à son esprit que, dans un journal tel que le sien, qui que ce soit chercherait à en faire l'éloge. Il se refuserait donc à publier un article qui soulèverait l'indignation de ses lecteurs· Après altercation, aucun de nous ne voulant céder, je lui dis que je renonçais à continuer la critique du Salon et qu'il eût à en charger qui bon lui semblerait. Quand il vit que le Salon commencé allait rester interrompu, après deux articles qui annonçaient une suite, il fut obligé de se radoucir. Bref, nous transigeâmes. Il accepterait l'éloge, à condition qu'il fût tellement atténué et enveloppé de circonlocutions que les lecteurs n'en fussent pas trop offensés. J'écrivis mon article sur ces données et il l'inséra dans son journal.

Le Salon de 1870 contenait un tableau important que Fantin-Latour exposait sous le titre d'*Un ate-*

lier aux Batignolles. C'était un de ces arrangements, tels qu'il en avait déjà peints, comme son *Hommage à Delacroix*, où se trouvaient réunis des hommes pénétrés de goûts communs. *L'Atelier aux Batignolles* représentait donc Manet assis devant un chevalet, en train de peindre et, groupés autour de lui, les artistes et écrivains qui avaient subi son influence ou étaient devenus ses défenseurs. On y voyait figurer Emile Zola, Claude Monet, Renoir, Bazille, Zacharie Astruc, Maître et Scholderer. Le tableau attira particulièrement l'attention. Il était peint dans une note générale grise et dans cette donnée réaliste, qui se produisant alors comme des choses neuves, eussent suffi à le faire remarquer. En outre, il venait offrir au public l'image de ces hommes révoltés qui l'intriguaient et il éprouvait du plaisir à pouvoir enfin les connaître. On avait appris vaguement, par les révélations de la presse, que dans un certain café des Batignolles, un groupe d'hommes se réunissait autour de Manet. Or, pour le public, il ne pouvait se dire et se préparer dans de telles réunions que des choses bizarres. Les Batignolles avaient d'ailleurs paru aux Parisiens, de la ville en bas, un lieu fort bien adapté à pareille société, car habiter ou fréquenter ce quartier entraînait presque une idée de ridicule et donnait matière aux plaisanteries. Le tableau de

Fantin venant représenter Manet et son groupe dans un atelier aux Batignolles offrait au public et aux journalistes le qualificatif qu'ils attendaient en quelque sorte et qui répondait tout juste à leurs idées. Aussi Manet et ses amis furent-ils désignés généralement à ce moment et pendant quelques années après, comme formant l'école des Batignolles.

Il n'y a jamais eu d'école des Batignolles. Cette désignation ne s'est produite et ne s'est appliquée qu'à faux. Au moment où elle naissait et trouvait cours, Manet et ses amis ne formaient pas encore d'école. Manet était en train de produire, selon la pente de sa nature. Autour de lui s'étaient réunis des jeunes gens, qui subissaient son influence et s'appropriaient sa manière de peindre en clair et par tons tranchés, mais sans pour cela devenir ses élèves. Ces débutants en étaient eux-mêmes alors à la période des essais et ce n'est que plus tard, que développés d'après des tendances communes, ils se distingueraient assez pour qu'on eût besoin de leur trouver un nom spécial et alors on les appellerait les Impressionnistes. Mais en attendant Manet et eux n'étaient reliés par aucun lien de maître et d'élèves; ce qui les avait mis et les tenait ensemble était un commun besoin d'indépendance et de nouveauté.

Il ne faudrait pas croire non plus, en regardant le

tableau de Fantin, que les amis de Manet eussent l'habitude de s'assembler dans son atelier tels qu'ils y sont représentés. C'était par une licence d'artiste, pour parvenir à les montrer tous ensemble, que Fantin avait conçu son groupement, qui n'a jamais existé que sur la toile. Manet avait bien son atelier aux Batignolles, mais ce n'était point un lieu de rencontre. Il était situé dans une maison assez pauvre de la rue Guyot, une rue écartée, derrière le parc Monceau. La maison, qui n'existe plus, était entourée de chantiers, de dépôts de toute sorte, avec des cours et de grands espaces vides. Ce quartier, alors peu habité, a été depuis entièrement transformé.

L'atelier consistait en une grande pièce, presque délabrée. On n'y voyait que les tableaux produits, disposés en piles contre la muraille, avec ou sans cadres. Comme Manet n'avait encore vendu qu'une ou deux toiles, son œuvre se trouvait là tout entière accumulée. Il demeurait fort à l'écart. Il ne recevait la visite que des amis intimes. Il se trouvait donc dans les meilleures conditions pour travailler, aussi a-t-il à ce moment beaucoup produit. Outre les tableaux exposés aux Salons, il a encore peint les deux toiles des *Philosophes*, des hommes en pied, enveloppés de manteaux et d'une figure assez résignée pour avoir suggéré le titre. Dans la même donnée, il peignit encore le *Mendiant*, un véritable chiffonnier, qu'il avait rencontré et fait venir à son atelier. Il a tiré de ce sujet si pauvre en lui-même une de ces harmonies qui lui étaient propres, en argentant le gris de la blouse et le bleu du pantalon. Il y peignit aussi la *Joueuse de guitare*, une jeune femme vêtue de rose et de blanc, qui pince de la guitare et dont la physionomie est d'une saveur particulière. Les *Bulles de savon*, un morceau d'une touche sobre et puissante ; un jeune garçon la tête relevée, un vase d'eau de savon à la main, souffle des bulles dans l'air.

En 1867 et 1868, il peignit l'*Exécution de Maximilien* qui, avec les généraux Méjia et Miramont, avait été fusillé à Queretaro, au Mexique, le 19 juin 1867. Cette composition de grande dimension tient une place importante dans son œuvre. Elle est unique en son genre. Elle est la seule qui donne une scène peinte sans avoir été vue. Elle constitue presque une création de cet ordre, auquel Manet avait voué une si grande aversion dans l'atelier de Couture, la peinture d'histoire. L'arrangement l'occupa pendant des mois. Il s'enquit d'abord des circonstances et des détails du drame. C'est ainsi que, selon ce qui a réellement eu lieu, les trois fusillés sont placés à une distance exceptionnellement rapprochée du peloton d'exécution. Lorsqu'il se crut sûr de son effet, il se mit à peindre le tableau, en faisant poser une escouade de soldats, qu'on lui prêta d'une caserne, pour représenter le peloton d'exécution. Il fit aussi poser deux de ses amis, en transformant cependant leurs visages, pour figurer les généraux Méjia et Miramon. La tête de Maximilien seule a été peinte d'une manière conventionnelle, d'après une photographie. Une première composition et même une seconde ne lui ayant pas paru conformes aux renseignements précis qu'il avait fini par recueillir, il repeignit l'œuvre une troisième fois, sous une forme arrêtée et définitive.

Dans ce même atelier de la rue Guyot, il peignit encore mon portrait, en 1868. J'eus ainsi l'occasion de saisir sur le fait les propensions et les habitudes qui le guidaient dans son travail. Le petit portrait devait représenter l'original debout, la main gauche placée dans la poche du gilet, la droite appuyée sur une canne. Le costume est un « complet » gris, se détachant sur fond gris. Le tableau était donc tout entier dans les gris. Mais lorsqu'il eut été peint, que je le considérais comme terminé d'une manière heureuse, je vis cependant que Manet n'en n'était pas satisfait. Il cherchait à y ajouter quelque chose. Un jour que je revins, il me fit remettre dans la pose où il m'avait d'abord tenu, et plaça près de moi un tabouret, qu'il se mit à peindre, avec son dessus d'étoffe couleur grenat. Puis il eut l'idée de prendre un volume broché, qu'il jeta sous le tabouret et peignit de sa couleur vert clair. Il plaça encore, par-dessus le tabouret, un plateau de laque avec une carafe, un verre et un couteau. Tous ces objets constituèrent une addition de nature morte, de tons variés, dans un angle du tableau, qui n'avait aucunement été prévue et que je n'avais pu soupçonner. Mais après il ajouta un objet encore plus inattendu, un citron sur le verre du petit plateau.

Je l'avais regardé faire ces additions successives assez étonné, lorsque me demandant quelle en pouvait être la cause, je compris que j'avais en exercice, devant moi, sa manière instinctive et comme organique de voir et de sentir. Évidemment, le tableau tout entier gris et monochrome ne lui plaisait pas. Il lui manquait les couleurs, qui pussent contenter son œil, et ne les ayant pas mises d'abord, il les avait ajoutées ensuite sous la forme de nature morte. Ainsi cette pratique des tons clairs juxtaposés, des « taches » lumineuses qu'on lui reprochait comme un « bariolage », qu'on l'accusait d'avoir adoptée délibérément pour se distinguer quand même de tous les autres, était, dans les profondeurs de l'être, l'instinct le plus franc, la manière la plus naturelle de sentir. Mon portrait n'avait été fait que pour lui et pour moi, je n'avais aucune idée de l'exposer et, en le peignant tel qu'il l'avait successivement complété, je puis certifier qu'il n'avait pensé qu'à se satisfaire lui-même, sans aucun souci de ce qu'on pourrait en dire.

En examinant depuis ses tableaux, à la lueur que le complément apporté à mon portrait m'avait donnée, j'ai retrouvé partout cette même pratique d'addition de parties claires, où il surélève, pour ainsi dire, la note du coloris, à l'aide de quelques tons tranchés et à part des autres. C'est ainsi que dans le *Déjeuner sur l'herbe*, se trouvent répandus sur le sol les accessoires multicolores. C'est ainsi que dans l'*Olympia*, il a mis le gros bouquet de fleurs variées et le chat noir contre les blancs du lit. C'est ainsi que dans son tableau l'*Artiste*, conçu précisément dans une note générale grise, comme mon petit portrait, il a peint, par derrière le personnage debout, un chien dans les tons clairs et en lumière. Par là s'explique son goût pour les natures mortes, qu'il place, comme accessoires ou comme fond, dans des œuvres où il semble que d'autres n'eussent point pensé à les mettre : dans le *Portrait d'Émile Zola*, dans le *Déjeuner*, dans le *Bar aux Folies-Bergère*. Elles lui offraient le moyen d'introduire ces juxtapositions de couleurs vives, qui étaient la joie de son œil. De même dans le *Balcon*, le balcon vert au premier plan, et, dans l'*Argenteuil*, le bleu éclatant du fond, lui fournissent l'occasion qu'il recherche, d'avoir une note surélevée de couleur, venant se superposer à la gamme déjà claire de l'ensemble.

On comprend dès lors l'opposition que ses œuvres devaient rencontrer. Elles révélaient une pratique diamétralement opposée à celle que les autres suivaient, enseignée et recommandée dans les ateliers. Les autres atténuaient l'éclat du coloris, fondaient les tons, enveloppaient les contours d'ombre. Lui supprimait les ombres, mettait tout en clair, juxtaposait les tons tranchés et, par-dessus l'ensemble, plaçait encore quelque note accentuée de couleur. L'habitude de Manet, en exécutant une œuvre, était donc d'aller, dans une voie ascensionnelle, vers le coloris de plus en plus éclatant et les tons de plus en plus clairs. Mais il y avait si bien là le jeu d'une propension naturelle, que ce qu'il faisait dans les cas particuliers, il l'a fait d'ensemble, à travers le temps. L'effort qui apparaît dans chaque tableau pour y mettre plus de clarté s'est retrouvé dans le développement graduel de l'œuvre. On y reconnaît la volonté constante d'obtenir un surcroît de clarté; ce qu'il a en effet réalisé, puisque des débuts à la fin, ses productions rangées chronologiquement laissent voir une marche ininterrompue vers un éclat de plus en plus grand et une lumière de plus en plus vive.

S'il avait rejeté la manière traditionnelle de distribuer l'ombre et la lumière, pour suivre un système de coloris propre, il agissait avec la même indépendance en procédant à la facture du tableau. Il se comportait alors avec une telle hardiesse, qu'on peut dire qu'il entrait dans son travail une grande part d'impulsion et qu'il ne connaissait point le métier fixe. Les peintres, en général, ont leur chemin tracé. Les sujets qu'ils abordent sont strictement définis. Ils en écartent ce qui sort des limites marquées. Ils peignent dans leurs ateliers, où l'arrangement des lumières leur est connu. Ils savent quelle pose ils donneront à leurs modèles ou, s'ils se permettent un arrangement nouveau, ils en scrutent d'abord les parties par des dessins ou des études, de manière à s'assurer que les difficultés ne seront pas trop grandes ou, s'ils en découvrent de telles, de manière à les éliminer. Ainsi précautionnés, ils se mettent à l'œuvre et, comme ils ont d'ailleurs pour la plupart un métier convenable et une pratique transmise, ils exécutent sans difficulté et font l'admiration de ceux qui les regardent peindre, à coup sûr et avec une réussite certaine.

Manet lui, n'avait pas de cercle circonscrit, il

peignait indifféremment tout ce que les yeux peuvent voir : les êtres humains sous tous les aspects, dans les arrangements les plus divers, le paysage, les marines, les natures mortes, les fleurs, les animaux, en plein air ou dans l'atelier. Variant sans cesse, il ne se tenait point à un sujet une fois réussi pour le répéter. L'innovation, la recherche perpétuelle formaient le fond de son esthétique. Son moyen principal était la peinture à l'huile, mais il usait aussi de l'aquarelle, du crayon, de la plume, du pastel et, comme graveur, de l'eau-forte et de la lithographie.

Avec ce système de tout peindre, d'employer les procédés les plus divers, de ne point répéter une œuvre une fois faite, il ne connaissait pas, lui, les facilités du chemin battu. Il ne pouvait arriver à l'exécution semblable et se maintenir dans la régulière tenue. Pour donner une idée de sa manière hardie opposée à celles des autres, il faut le comparer à ce cavalier qui, dans la chasse à courre, se jette à travers champs, aborde, pour les sauter, tous les obstacles, haies, murs, rivières et précipices, pendant que les autres se limitent prudemment à sauter les moindres et, ensuite, passent par les barrières ouvertes et finissent sur la grand'route. Évidemment le premier cavalier, en arrivant au but, pourra avoir son chapeau bosselé, ses habits foulés, il se sera éclaboussé au saut des rivières, peut-être même aura-t-il vidé un instant les étriers, pendant que les autres demeureront corrects, sans avoir subi de déconvenue. Mais c'est celui qui s'est lancé à travers champs qui est le grand cavalier, et c'était Manet qui, avec son système d'aborder n'importe où, n'importe comment, n'importe quel sujet, était, parmi les autres, le véritable, le grand artiste.

C'est ce que ne savaient point reconnaître le public et la plupart des critiques qui, gardant leur admiration pour les peintres sages de la tradition, ne voyaient en Manet qu'un artiste sans méthode et déréglé. Un des critiques célèbres du temps, Albert Wolff, le chroniqueur du *Figaro*, entretenait, en particulier, de telles pensées et il lui arriva, à quelques années du moment où nous sommes, un accident qui peut servir à montrer avec quelle légèreté et quelle incompétence les journalistes formaient leurs jugements.

Wolff passait son temps, comme tant d'autres, à recommander à l'admiration publique de ces médiocres, qui n'ont rien laissé et dont le nom est déjà oublié, et alors que, par fortune, il rencontrait en Manet l'homme si rare qui crée et qui invente, il n'avait pour lui que du dédain. Ayant cependant fait sa connaissance, il était allé le voir dans son atelier. Manet lui avait proposé de peindre son portrait. Il avait accepté. Manet l'avait alors fait asseoir comme à la renverse, dans un fauteuil recourbé, à balançoire. La pose offrait des difficultés d'exécution à prévoir, entraînant à des longueurs qui eussent peut-être porté d'autres à l'écarter. Mais Manet n'éprouvait jamais de tels soucis. Après avoir conçu un arrangement quel qu'il fût, il se mettait à l'œuvre. Il avait donc commencé à peindre Wolff et, selon sa manière hardie d'attaquer le morceau, il avait jeté par places sur la toile les plaques et les taches de couleur, pour revenir de nouveau sur chaque partie et, par additions sucessives, mener l'ensemble au point d'achèvement qu'il jugerait convenable. Mais Wolff n'avait probablement jamais vu peindre de la sorte et comme à la troisième ou quatrième séance le portrait, loin d'être achevé, conservait de ces parties tout juste indiquées, il exprima à ses amis, par la ville, son étonnement que Manet, qu'il avait cru devoir produire ses œuvres avec facilité, de premier jet, fût, au contraire, un homme qui tâtonnait et auquel l'achèvement d'un tableau demandait beaucoup de temps. Ce n'était donc, comme il l'avait toujours pensé, qu'un artiste fort incomplet, ignorant, à vrai dire, son métier.

Manet auquel ces propos furent rapportés en fut très mécontent. Le portrait ne fut point continué. Retrouvé après la mort de Manet dans l'atelier, il fut remis par la famille à Wolff. Il subsiste, il a fait partie de la vente de Wolff après décès. Il est en effet inachevé et, par places, n'est qu'indiqué. Mais tel quel, il révèle le maître. Seul un homme connaissant toutes les ressources de son art a pu mettre ainsi, du premier jet, toutes les parties à leur place et fixer, dès l'état d'esquisse, une tête aussi vivante et aussi superbe d'expression. Cette œuvre vient de la sorte nous révéler le peu de valeur d'Albert Wolff comme critique d'art.

Le Salon de 1870 était récemment fermé quand éclata la guerre franco-allemande, suivie de l'invasion et du siège de Paris. Le groupe d'hommes formé autour de Manet, qui se réunissait au café Guerbois, se dispersa. Les uns s'en allèrent avec leur famille en province, d'autres devinrent soldats, comme Bazille, que Fantin-Latour avait placé au premier plan de son *Atelier aux Batignolles* et qui devait être tué à la bataille de Beaune-la-Rollande. Ceux qui restèrent à Paris entrèrent, à divers titres, dans la garde nationale ou dans ces fonctions que les besoins nouveaux nés du siège faisaient créer. Il ne fut plus question pour personne de poursuites littéraires ou artistiques. Manet ferma son atelier aux Batignolles, qu'on supposait pouvoir être atteint par le bombardement. Il déménagea ses tableaux. Il devint officier d'état-major de la garde nationale.

Dépourvu de connaissances militaires, il n'était désigné par aucune aptitude spéciale pour tenir un poste quelconque. Mais il faisait comme tout le monde, acte de dévouement, il revêtait l'uniforme, et quoique son service ne fût généralement que nominal, il assista à la bataille de Champigny et y porta des ordres dans le rayon du feu.

Devenu officier d'état-major, il avait pour chef Meissonier, colonel dans le corps de l'état-major. Il n'y avait jamais eu entre eux la moindre relation, placés qu'ils étaient aux deux pôles de l'art. Voilà que le service militaire les rapprochait tout à coup, et mettait l'un, artiste jeune et combattu, sous les ordres de l'autre, en pleine gloire et supérieur par l'âge et le grade. Manet qui avait la vieille urbanité française dans les moelles et était extrêmement sensible aux procédés fut très froissé de la manière dont Meissonier le traita, affectant, à son égard, une sorte de formalisme poli, mais d'où toute idée de confraternité était bannie. Meissonier ne parut jamais savoir qu'il fût peintre. Manet devait se souvenir de ce traitement, et quelques années après il y répondit. Meissonier exposait chez Petit, rue Saint-Georges, son tableau de la *Charge des cuirassiers*, qu'il venait de peindre. Manet alla le voir. Sa venue excita tout de suite l'attention des visiteurs, qui se groupèrent autour de lui, curieux de savoir ce qu'il pourrait dire. Il donna alors son opinion. « C'est très bien, c'est vraiment très bien. Tout est en acier, excepté les cuirasses. » Le mot courut Paris.

Dans beaucoup de familles, on avait, avant l'investissement de Paris, fait partir les femmes, les enfants et les vieillards pour diminuer d'autant les bouches à nourrir, les hommes valides étaient seuls restés. La mère et la femme de Manet s'étaient ainsi réfugiées à Oloron, dans les Pyrénées. Après le siège, il alla les rejoindre. Il reprit ses pinceaux, dont il ne s'était pas servi depuis des mois, pour peindre diverses vues à Oloron et à Arcachon et le *Port de Bordeaux*. Il a très bien rendu dans ce dernier tableau le fouillis des navires à l'ancre et donné l'aspect d'un grand port.

Rentré à Paris avant la fin de la Commune, il put assister à la bataille qui s'engagea dans les rues entre l'armée de Versailles et les gardes nationaux fédérés. Il a comme synthétisé, dans une lithographie, la *Guerre civile*, l'horreur de cette lutte et de la répression qui la suivit.

LE BON BOCK

VIII

LE BON BOCK

Le siège de Paris et l'insurrection de la Commune, qui n'avait été vaincue qu'à la fin de mai, avaient amené une telle perturbation dans l'existence nationale, qu'en 1871 il ne put y avoir de Salon. Mais lorsque la paix à l'extérieur comme à l'intérieur fut rétablie, une sorte d'émulation générale porta tout le monde à se remettre au travail et aux affaires, afin de se relever des désastres. Manet vit venir à ce moment, pour la première fois, un acheteur important. Il avait prié Alfred Stevens de l'aider à placer quelques tableaux et lui en avait remis deux à cet effet, une nature morte et une marine. Stevens les avait montrés à M. Durand-Ruel qui, comme marchand, commençait à acheter les productions de la nouvelle école. C'était un connaisseur capable d'apprécier les œuvres d'après leur mérite intrinsèque, il avait donc pris les deux tableaux. Puis, satisfait de cette première affaire, il était allé presque aussitôt trouver Manet et, faisant chez lui un nouveau choix, avait ainsi acquis, en janvier 1872, un total de vingt-huit toiles, pour 38.600 francs. Cette vente devait réjouir Manet et enthousiasmer les jeunes peintres ses amis. Il semblait qu'un vent favorable fût venu tout à coup enfler les voiles et que le temps des difficultés fût passé. Ce n'étaient là que des illusions.

M. Durand-Ruel avait fait un coup d'audace, un acte téméraire, en achetant les œuvres d'un peintre aussi généralement réprouvé que Manet. Rien ne lui servit de vouloir en forcer la vente. Elles lui restèrent sur les bras. En se faisant l'introducteur et le représentant d'une école nouvelle honnie de presque tous, il souleva contre lui le plus grand nombre des collectionneurs, les autres marchands et même les critiques et la presse. A partir de ce moment, il dut cesser d'être neutre, pour devenir partisan, multiplier les achats et prendre part ainsi, comme bailleur de fonds, au combat que Manet et ses amis poursuivaient pour se faire accepter. Il eut à connaître lui aussi ces déceptions qui, à chaque occasion où il croyait toucher au succès, le lui montraient, s'évanouissant, pour devenir d'une réalisation de plus en plus problématique. Et ce ne fut qu'après de longues années de sacrifices pécuniaires, l'ayant fait passer par de véritables crises d'argent, qu'il devait enfin pouvoir obtenir la juste rémunération de ses longs efforts et de sa mise de fonds.

1872 vit reprendre la tenue des Salons annuels, interrompue en 1871. Le Salon de cette année attira d'autant plus l'attention que beaucoup y apparaissaient avec des envois qui portaient la marque de l'époque tragique que l'on venait de traverser. Cependant, Manet ne se trouva point prêt à exposer des œuvres nouvelles. Il envoya un tableau peint en 1866, mais alors représentant une action militaire, qui, après la terrible guerre dont on sortait, prenait comme un caractère d'actualité. C'était le *Combat du Kearsage et de l'Alabama*. Le *Kearsage* de la marine des États-Unis avait coulé en 1864, en vue de Cherbourg, le corsaire des États Confédérés du Sud : l'*Alabama*. L'*Alabama* s'était longtemps tenu réfugié à Cherbourg pour éviter d'être pris ou détruit par le *Kearsage*, beaucoup plus fort que lui, mais enfin le capitaine Semmes, qui le commandait, lassé de rester bloqué, s'était résolu à se mesurer avec l'adversaire, quels que fussent les risques. Le combat avait eu cette particularité, qu'annoncé d'avance, il avait pu se livrer en présence d'un certain nombre de navires et de bateaux tenus à portée. Manet, informé à temps, venu à Cherbourg, en avait été lui-même spectateur sur un bateau pilote. C'était donc une scène vue qu'il avait représentée. Il connaissait très bien la mer, pour avoir été quelque temps marin dans sa jeunesse et, lorsqu'il l'a peinte, il l'a généralement montrée comme une plaine qui s'élève vers l'horizon, ce qui est bien en effet l'apparence qu'elle prend, quand on la regarde des grèves ou d'un bateau, à raz l'eau.

Manet avait représenté, dans son *Combat du Kearsage et de l'Alabama*, la plaine liquide montant vers l'horizon, où les deux navires enveloppés d'un nuage de fumée se combattaient; l'*Alabama* vaincu s'abîmait sous l'eau. Cette façon de peindre une marine avait, au Salon, déconcerté le public qui, habitué à censurer Manet, s'était une fois de plus mis à l'accuser d'excentricité voulue. Cependant le tableau, très simple de facture, d'un ton presque uniforme, n'avait point trop excité l'hostilité. Plusieurs critiques et un certain nombre de connaisseurs avaient même trouvé à la scène un caractère de grandeur. Ce tableau était apparu après une interruption d'une année, où le public n'avait point eu l'occasion d'examiner des productions de son auteur,

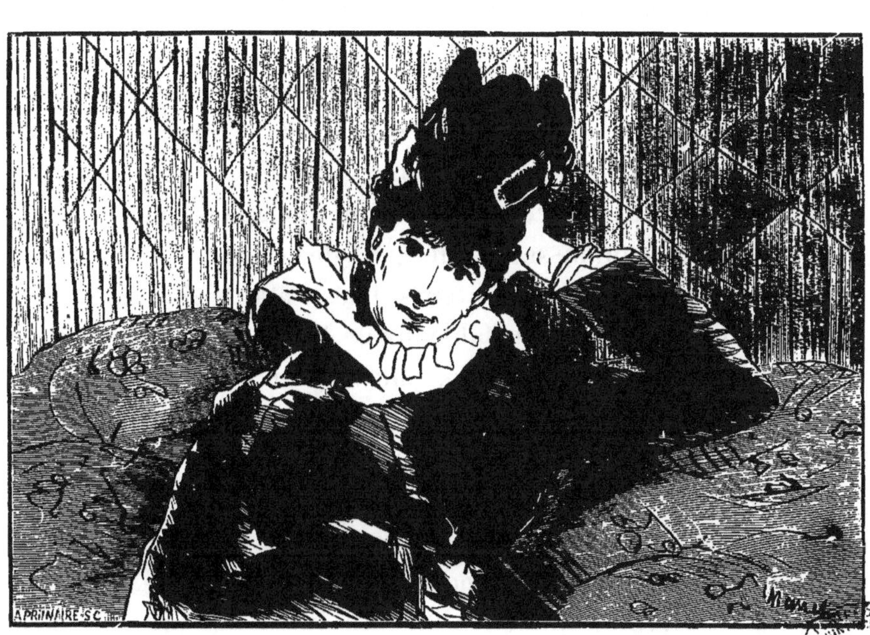

LA PARISIENNE (PREMIER ÉTAT)

il ne causait aucun soulèvement particulier. Une sorte d'accalmie se faisait donc alors sur le nom de Manet. Les circonstances se trouvaient ainsi rendues favorables pour une péripétie qui allait se produire en sa faveur, au Salon de 1873 : il devait y voir une de ses œuvres séduire le public et recueillir une louange quasi universelle.

Il avait envoyé deux tableaux, le *Repos* et le *Bon Bock*. A cette époque, le jour qui précédait l'ouverture du Salon au public, que l'on appelait du « vernissage », était réservé à une élite d'artistes, de critiques, de connaisseurs, de gens de lettres et de gens du monde. Ces visiteurs triés, étant allés, comme toujours, voir les tableaux de Manet, avaient été séduits, à première vue, par le *Bon Bock*. Ils l'avaient tout de suite tenu pour une œuvre excellente. A la fin de la journée du « vernissage », les artistes, les critiques, les amis des peintres avaient coutume de se grouper dans le jardin du Palais de l'Industrie, réservé à l'exposition de la sculpture. Là on se communiquait les uns les autres ses premières impressions et, à la sortie, il s'était prononcé des jugements, qui se répandaient au loin et devaient être reproduits par la presse. Dans cette sorte d'aréopage, on avait ratifié l'opinion favorable, d'abord formée sur le *Bon Bock* à travers les salles, on était convenu que Manet venait de peindre un très bon tableau. Ce jugement du public d'élite, propagé par la presse, fut accepté et partagé ensuite par le grand public des jours suivants, et les visiteurs, jusqu'à la clôture du Salon, éprouvèrent un grand plaisir à regarder ce *Bon Bock*. Ils déclaraient que Manet venait enfin de s'amender et de produire une œuvre que l'on pût louer.

Le tableau ainsi goûté était un portrait du graveur Belot, naguère assidu au café Guerbois. Il était représenté en buste, de face, de grandeur naturelle, sa pipe à la bouche, qu'il tenait d'une main, pendant que dans l'autre, il avait un verre de bière, un bon bock. Belot, doué d'une mine fleurie, semblait sourire, sur la toile, à ceux qui venaient le regarder. Dès qu'on arrivait devant, on se sentait agréablement pris par ce gros réjoui, et on lui rendait son bon accueil en cordialité. Captivés ainsi d'abord, il n'y avait ensuite aucune particularité de facture qui pût offusquer. Le personnage se détachant sur un fond gris, coiffé d'une sorte de bonnet de loutre, vêtu de gris, n'offrait aucune de ces juxtapositions de couleurs vives, capables d'irriter. C'est ainsi que l'élite, la presse, le grand public, saisis d'abord par le côté attrayant du sujet et n'y trouvant ensuite aucune de ces particularités qui pussent les heurter, se déclaraient cette fois-ci pleinement satisfaits d'une œuvre de Manet.

La popularité du *Bon Bock*, assurée dès le premier jour, ne fit ensuite que s'accroître. Le tableau fut reproduit de toutes les manières, les revues de théâtre, à la fin de l'année, en firent un de leurs épisodes sensationnels et un dîner, créé sous son nom par des artistes et des gens de lettres, d'abord présidé par l'original, par Belot, devait durer après sa mort.

Cette survenue d'un tableau que l'on vantait permit à la presse et au public de revenir momentanément, envers Manet, à de meilleurs sentiments. Des critiques firent l'aveu que, dans leurs violences et leurs mépris, ils s'étaient peut-être laissé entraîner trop loin. Mais critiques et public étaient surtout d'accord pour se féliciter eux-mêmes d'avoir longtemps pensé et dit, que toutes ces violences, ce choix de motifs singuliers, ce « bariolage », dont Manet les avait offensés, n'étaient de sa part qu'un dévergondage de jeunesse, qu'un moyen violent d'attirer l'attention, et qu'enfin viendrait un moment où il se mettrait à peindre selon les règles, comme les autres. Ils voyaient le changement attendu se produire avec le *Bon Bock*, et le tableau leur plaisait d'autant plus, qu'ils les laissait contents d'eux-mêmes, pour avoir montré de la sagacité. Ce jugement des critiques et du public n'était que le produit de la pure imagination. Manet, en peignant son *Bon Bock*, avait agi avec sa naïveté de facture et sa franchise ordinaires. Si le tableau se trouvait favorablement accueilli au contraire des autres, la rencontre ne venait que de circonstances fortuites. Il ne s'était nullement douté qu'il produisait, en l'exécutant, une œuvre qu'on jugerait adoucie, qui plairait par exception, et il demeurait tout surpris du succès.

Parmi ceux qui louaient le *Bon Bock*, il y avait aussi certains connaisseurs, qui expliquaient que les qualités du tableau étaient dues à l'influence de Frans Hals. Manet était allé, en 1872, faire un voyage en Hollande, il avait revu les Frans Hals de Harlem, qui l'avaient si vivement frappé dans sa jeunesse. De retour à Paris, l'idée lui était venue, en souvenir, de peindre Belot, un verre de bière à la main, et la pose du personnage coupé à mi-corps et contenu dans un cadre restreint, une manière qui ne lui appartenait pas précisément, avait pu lui venir aussi comme réminiscence.

Il était donc certain qu'un connaisseur, devant le *Bon Bock*, pouvait penser à Frans Hals. Mais les ressemblances ne consistaient qu'en rapports de surface, qu'en imitations de pose. Comme facture et comme touche, l'œuvre était aussi personnellement de Manet que n'importe quelle autre qu'il eût peinte. Cette volonté d'appuyer sur les ressemblances qui pouvaient exister entre le *Bon Bock* et les buveurs de Frans Hals pour les signaler au public n'était, de la part de plusieurs, qu'une manière détournée de continuer à combattre Manet, en donnant à entendre qu'il ne savait peindre une œuvre acceptable qu'en s'inspirant d'un autre. Alfred Stevens s'était fait comme le truchement de ceux-là, en disant de Belot, le verre à la main : « Il boit de la bière de Harlem. » Le mot fut colporté. Stevens et Manet étaient depuis longtemps liés ensemble. Ils ne s'influençaient point comme artistes, leurs talents différaient, mais ils se voyaient presque chaque jour au café Tortoni. Manet, froissé d'être ainsi desservi par un ami, trouva l'occasion de lui rendre la monnaie de sa pièce. Stevens, à quelque temps de là, exposait, chez un marchand de la rue Laffitte, un tableau qu'il venait de peindre. Une jeune dame en costume de ville s'avançait le long d'un rideau qu'elle semblait vouloir entr'ouvrir, pour entrer par derrière dans un appartement. Stevens avait peint, par fantaisie, à côté d'elle, sur le tapis, un plumeau à épousseter. Manet dit alors de la dame, à la vue du plumeau : « Tiens ! elle a donc un rendez-vous avec le valet de chambre? » Stevens fut encore plus froissé du mot de Manet que celui-ci ne l'avait été du sien. Ils restèrent après cela assez longtemps en froid.

Cependant, il y avait au Salon de 1873 un autre

tableau de Manet, le *Repos*, exposé en même temps que le *Bon Bock*, mais celui-là ne rencontrait aucune faveur. Il était au contraire traité avec l'habituelle raillerie qui accueillait les œuvres de son auteur. Le *Repos* représentait une jeune femme vêtue de mousseline blanche, en partie assise, en partie étendue sur un divan, les deux bras jetés de chaque côté d'elle sur les coussins. Il avait été peint en 1870 et Mlle Berthe Morisot avait servi de modèle. L'originalité de Manet s'y déployait sans réserve. Dans un temps où l'on parlait toujours d'idéal, où l'on prétendait qu'une création artistique devait être idéalisée, c'était une œuvre qui renfermait une part certaine d'idéalisation. La jeune femme avec son visage mélancolique et ses yeux profonds, avec son corps souple et élancé, à la fois chaste et voluptueux, donnait la représentation idéalisée de la femme moderne, de la Française et de la Parisienne. Mais le public et les critiques étaient alors incapables de découvrir l'idéal lorsqu'il se rencontrait allié à la personnalité, car, à leurs yeux, il ne pouvait exister que sous des formes convenues et déterminées.

C'est-à-dire que, dans le culte voué à la Renaissance italienne, on en était arrivé à croire que la beauté, l'idéal, l'art lui-même dépendaient de certaines observances et étaient liés à des types particuliers. Dans ces idées on croyait pouvoir conserver indéfiniment, par l'étude, la valeur que certaines formes avaient reçue à l'origine d'artistes réellement inventeurs Alors les uns après les autres, de maîtres en élèves, on s'imaginait que parce qu'on saurait dessiner les mêmes contours et peindre des figures analogues, on perpétuerait les créations initiales. Il eût suffi, dans ce cas, de posséder la faculté d'assimilation, d'être habile à imiter, pour parvenir au génie et se hausser à son niveau. Mais ces formes de l'art traditionnel, où l'on prétendait maintenir l'idéal, sous la répétition d'hommes médiocres, avaient à la fin perdu toute valeur. Elles n'avaient plus ni souffle, ni vie, et à plus forte raison ni poésie, ni idéal, car la poésie et l'idéal, comme le parfum de la fleur, ne peuvent être séparés de la vie. Ils ne sont attachés à aucune forme particulière, ils ne dépendent d'aucune esthétique spéciale, mais peuvent apparaître dans les conditions les plus diverses. Il leur faut seulement, pour se manifester, l'intermédiaire du véritable artiste, de l'homme heureusement doué, de l'inspiré, du sensitif qui, devant les choses, voit se former en lui des images qui acquièrent des formes embellies, des contours annoblis, un coloris plus éclatant, toute une parure d'idéalisation.

La tradition, quel qu'ait été le génie initial, ne

peut rien transmettre de grand. Les écoles traditionnelles finissent toutes immanquablement par le pastiche et l'anémie. L'artiste qui pourra produire des formes annoblies, des types véritablement idéalisés, sera seul celui qui se remettra en face de la nature et de la vie, pour les rendre à nouveau, d'une manière originale. Manet regardait les hommes de son temps, les êtres vivants autour de lui, il leur trouvait leur beauté propre et la faisait ressortir. Quand il peignait un gros buveur, il lui donnait la gaîté, la face réjouie, les yeux noyés, que comportait sa nature; quand il peignait une jeune femme distinguée, il la douait du charme et de la grâce, qui sont l'apanage de son sexe. Mais ce qui est bien fait pour montrer combien le public et avec lui les critiques de la presse au jour le jour, sont incapables de jugements suivis et d'appréciations sérieuses, c'est qu'eux tous qui, depuis dix ans, poursuivaient Manet d'outrages, comme une sorte de barbare contempteur de tout idéal, voué à un grossier réalisme, se prenaient tout à coup à louer une de ses œuvres, le *Bon Bock*, qui, selon leur esthétique et d'après leurs dires, était, de toutes, celle qu'ils auraient surtout dû repousser : un buveur rubicond, avec une large panse, fumant sa pipe, le verre à la main. Et pendant qu'ils admiraient cette œuvre particulière, que leurs déclarations antérieures eussent dû les amener à flétrir, ils raillaient et bafouaient, en continuation de leur ancienne pratique, le *Repos*, une jeune femme distinguée, élégante, aux yeux pleins d'un charme profond, un type féminin véritablement idéalisé.

En somme, ce qui se produisait à l'occasion de Manet était d'ordre naturel; la conduite que l'on tenait envers lui est celle que l'on a partout tenue envers les novateurs, qui viennent s'opposer aux modes transmis pour leur en substituer d'autres. On commençait par l'injurier, par repousser ses productions en bloc, comme venues d'une esthétique monstrueuse et d'un travail grossier, mais tout en les méprisant, on allait les regarder chaque année, on stationnait devant, on se familiarisait de la sorte inconsciemment avec elles. Les traits par lesquels elles se rapprochaient le plus des autres se faisaient alors peu à peu accepter.

C'est de là que venait le succès du *Bon Bock*. Le tableau ne comportant pas, par son arrangement, ces côtés d'originalité absolue contre lesquels on se soulevait, on se laissait aller exceptionnellement à le louer. Selon la règle, on se prenait d'abord à goûter l'art de Manet, par celle de ses œuvres où le caractère propre était mitigé, où l'audace manquait par hasard ou bien se trouvait voilée. La grande originalité n'est jamais admise qu'à la longue. Que se passe-t-il lorsqu'un peintre se développe? Les œuvres du début qui, à leur apparition, ont été critiquées et méprisées, dix ans après, quand leur auteur a accentué sa manière, sont déclarées excellentes, pour servir à attaquer les nouvelles, qu'on ne louera à leur tour que beaucoup plus tard.

Le temps est un intermédiaire essentiel. Combien parmi les plus grands, ont travaillé et produit toute leur vie, sans être réellement appréciés et dont les œuvres capitales n'ont obtenu la reconnaissance que longtemps après leur mort! Rembrandt a vu vendre son mobilier et ses collections à l'encan, pour procurer quelques milliers de florins à ses créanciers, que son travail ne pouvait leur obtenir. Il est mort ensuite obscurément, si bien que les derniers temps de sa vie sont entourés d'incertitude. Et en France, à Paris, parmi les toiles que l'on possédait de lui, se trouvait un *Saint-Mathieu*, puissant au suprême degré et qui par là même déplaisait. On le laissait dans l'ombre, pour lui préférer des œuvres plus douces; les critiques qui écrivaient des livres sur le maître, il n'y a encore que quelques années, en parlaient sous réserves. On y est venu à ce *Saint-Mathieu* et à l'ange qui l'inspire, on a enfin su les apprécier, on les a mis à une place d'honneur au Louvre, mais alors que depuis deux cent trente ans celui qui les avait peints était mort.

Manet, quelque temps après le siège, avait dû abandonner son atelier de la rue Guyot, la maison ayant été démolie. Il était alors venu s'établir dans une vaste pièce, une sorte de grand salon, à l'entresol, 4, rue de Saint-Pétersbourg, près de la place de l'Europe. Il ne se trouvait plus là à l'écart, mais en plein Paris. Aussi la solitude dans laquelle il avait précédemment vécu et travaillé prit-elle fin. Il reçut les visites plus rapprochées de ses amis. Il fut aussi fréquenté par un certain nombre de femmes et d'hommes faisant partie du Tout-Paris, qui, attirés par son renom et l'agrément de sa société, venaient le voir et, à l'occasion, consentaient à lui servir de modèles. Avec son désir de rendre la vie sous tous ses aspects, il put alors aborder des sujets absolument parisiens, qui lui étaient interdits dans son isolement de la rue Guyot. C'est ainsi qu'il peignit en 1873 son *Bal masqué* ou *Bal de l'Opéra*, un tableau de petite dimension, qui lui prit beaucoup de temps. A proprement parler, ce n'est pas le bal de l'Opéra qui est montré, puisque la scène ne se passe pas dans la salle, lieu de la danse, mais dans le pourtour derrière les loges. Les personnages sont surtout des hommes en habit et en chapeaux à haute forme, assemblés avec des femmes en domino noir. Le ton du tableau est donc d'un noir presque uniforme et il a fallu une singulière sûreté de coup d'œil pour empêcher l'absorption des détails par le fond monochrome. Sur l'ensemble des costumes noirs, se détachent cependant quelques femmes travesties et, par elles, des couleurs vives viennent mettre des notes d'éclat et écarter la monotonie.

Selon son habitude de choisir ses modèles dans la classe même des gens à représenter, les personnages de son *Bal de l'Opéra* furent pris parmi les hommes du monde ses amis. Ils durent venir, par groupes de deux ou trois ou isolément, en habit noir et en cravate blanche, poser dans son atelier. Il fit entrer ainsi dans son assemblage : Chabrier le compositeur de musique, Roudier un ami de collège, Albert Hecht un des premiers amateurs qui eût acheté de sa peinture, Guillaudin et André deux jeunes peintres, un colonel en retraite, etc. Il tenait à s'assurer des types divers et à ce que, dans leur variété, ils conservassent leur physionomie et leurs allures propres. Les hommes, par exemple, ont leurs chapeaux placés sur la tête de la façon la plus diverse. Ce n'est point là le résultat d'un arrangement fantaisiste, mais bien de la manière dont tous ces hommes se coiffaient réellement. Il leur disait en effet : « Comment mettez-vous votre chapeau, sans y penser et dans vos moments d'abandon? eh bien! en posant, mettez-le ainsi et non pas avec apprêt. » Il poussait si loin le désir de serrer la vie, de ne rien peindre de *chic*, qu'il variait ses modèles, même pour les figurants de second plan, dont on ne devait voir qu'un détail de la tête ou une épaule. Il m'utilisa personnellement, en me prenant une part du chapeau, une oreille et une joue avec de la barbe. Cette moitié de visage ne pourrait être aujourd'hui reconnue et recevoir un nom, mais, au moment où il la peignait, il trouvait qu'elle animait la scène pour sa part et qu'elle était très ressemblante.

Il peignit, à peu près dans le même temps que le *Bal de l'Opéra*, la *Dame aux éventails*. C'est encore là un tableau parisien. La femme qui a posé était très connue, pour son originalité de caractère et de visage. Elle est étendue sur un canapé, vêtue d'un costume de fantaisie, et autour d'elle, sur la muraille, sont placés des éventails. Dans le *Monde nouveau*, en mars 1874, une revue d'art et de littérature dirigée par Charles Cros, qui n'a eu que trois numéros, a paru, sous le titre la *Parisienne*, un bois dessiné par Manet, gravé par Prunaire, pour lequel avait posé la même femme peinte comme la *Dame aux éventails*.

Manet vit venir vers lui en 1873 le poète Stéphane Mallarmé. La connaissance conduisit promptement à une vive amitié. Mallarmé devint un de ses constants visiteurs. Manet devait illustrer plusieurs de ses ouvrages, le *Corbeau*, traduit d'Edgar Poe en

1875, l'*Après-midi d'un Faune* en 1876 et peindre son portrait même en 1877. Le café Guerbois était à ce moment-là abandonné. Les réunions qui s'y tenaient avant la guerre n'avaient point été reprises après. Les assidus du lieu, dispersés, vivaient maintenant trop loin les uns des autres pour pouvoir se retrouver fréquemment ensemble. Cependant comme Manet avait besoin de se rencontrer avec ses amis, il avait choisi, pour y venir le soir, le café de la Nouvelle-Athènes sur la place Pigalle, fréquenté par un monde mélangé d'hommes de lettres et d'artistes; et là, pendant quelques années, les anciens habitués du café Guerbois surent se revoir à l'occasion.

En 1874, Manet envoya au Salon deux tableaux, le *Chemin de fer* et le *Polichinelle*, mais sans retrouver le succès que le *Bon Bock* lui avait valu l'année précédente. Avec son système de peindre chaque fois devant la nature des scènes nouvelles, il ne pouvait profiter d'un succès acquis, pour en obtenir à coup sûr un second. Cet avantage, que tant d'autres savent s'assurer, lui était, de par son esthétique, interdit. La plupart, lorsque certains sujets leur ont gagné la faveur publique, s'y cantonnent et n'en sortent plus. On a vu ainsi de tout temps des peintres qui, en se répétant, ont trouvé les louanges et la fortune. Il leur suffit, pour ne pas lasser, de varier quelque peu les détails. Public et critiques acceptent volontiers cette pratique. Ils n'ont aucune peine à prendre pour suivre l'artiste, qui ne se renouvelle point. La connaissance, une fois liée avec lui, peut se poursuivre indéfiniment sur le même pied. Le public ne se doutant point que la répétition, l'imitation de soi-même sont en art odieuses, puisqu'elles ne peuvent conduire qu'à l'affaiblissement des effets d'abord produits en mieux, trouve agréable de n'avoir point à faire cet effort d'attention, que demande l'examen de sujets sans cesse renouvelés, comme forme et comme fond. C'est ainsi que les artistes sages, s'adaptant au goût moyen, cheminent contents d'eux-mêmes, sûrs du succès, pendant que les vrais créateurs, tourmentés du besoin de se renouveler, passent leur vie à combattre et reçoivent les horions.

Manet en faisait l'expérience en 1874; après avoir vu son *Bon Bock*, l'année précédente, devenir populaire et lui attirer les louanges, il voyait maintenant son *Chemin de fer* ramener les vieilles railleries. Ce tableau marquait une nouveauté parmi ses envois au Salon, celle de la peinture en plein air. Il l'avait exécuté dans un jardinet placé derrière une maison de la rue de Rome. Le public et la presse ne s'étaient pas bien rendu compte, pour en raisonner, qu'il s'agissait d'une œuvre produite directement en plein air. Ils avaient tout simplement, comme d'habitude, été offensés par l'apparition des couleurs vives, mises côte à côte, sans interposition de demi-tons ou d'ombres conventionnelles.

Au reproche d'être peint dans une gamme trop vive qu'on faisait au tableau, s'ajoutait celui de présenter un sujet « incompréhensible ». Il n'y avait en effet, à proprement parler, pas de sujet sur la toile, les deux êtres qui y figuraient ne se livraient à aucune action significative ou amusante. Car le public ne cherche et ne regarde presque jamais dans une œuvre, que l'anecdote qui peut s'y laisser voir. Le mérite intrinsèque de la peinture, la valeur d'art due à la beauté des lignes ou à la qualité de la couleur, choses essentielles pour l'artiste ou le vrai connaisseur, restent incompris et ignorés des passants. Or, Manet avait mis dans son *Chemin de fer* deux personnes sur la toile, pour qu'elles y fussent simplement représentées vivantes. Il agissait ainsi en véritable peintre et eût pu se recommander des maîtres hollandais, qui ont si souvent tenu leurs personnages oisifs, ne se livrant à aucune action précise. Il avait représenté une jeune femme vêtue de bleu, assise contre une grille et tournée vers le spectateur, pendant que près d'elle, debout, une petite fille en blanc se tenait des deux mains aux barreaux. Cette grille servait de clôture à un jardinet, dominant la profonde tranchée où passe le chemin de fer de l'Ouest, près de la gare Saint-Lazare. Par derrière les deux femmes, se voyaient des rails et la vapeur de locomotives, d'où le titre du tableau.

Le *Chemin de fer*, le plus important par les dimensions, était, des deux envois au Salon, celui qui attirait surtout les regards. L'autre, le *Polichinelle*, dans un tout petit cadre, passait presque inaperçu. Cependant il plaisait assez à ceux qui venaient le regarder et il devait plaire tout particulièrement à quelqu'un. Mme Martinet, appartenant à la riche bourgeoisie parisienne, était liée avec Manet, qu'elle recevait assez souvent à dîner. C'était une fête pour elle que cette venue d'un homme dont la vivacité et la conversation brillante l'enchantaient. Elle l'avait en véritable amitié et elle eût bien voulu la lui témoigner, en lui prenant quelques tableaux. Mais la bonne dame ne s'y connaissait pas plus que les autres ; elle partageait le sentiment commun sur les œuvres de Manet, elle les trouvait désagréables. Elle disait, comme beaucoup de ceux qui rencontraient le peintre dans le monde : comment peut-il se faire qu'un homme si distingué peigne d'une manière si barbare? Enfin, en 1874, arrive le *Polichinelle* qui la séduit. Le petit personnage, le chapeau sur l'oreille, la figure goguenarde, lui paraît charmant. Elle s'empresse de l'acquérir et satisfait ainsi l'envie qu'elle éprouvait de faire plaisir à son ami Manet, en lui montrant chez elle une de ses œuvres.

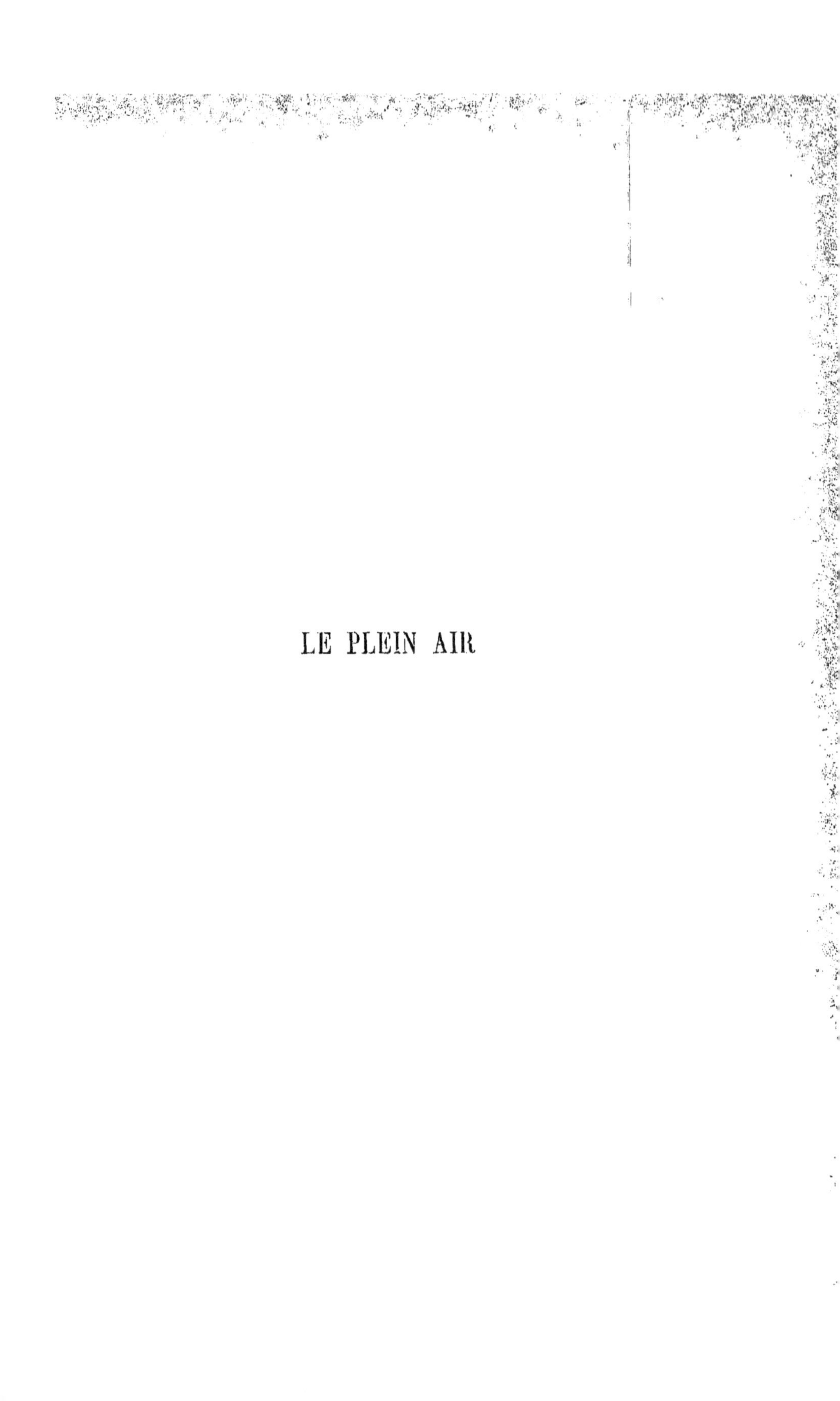

LE PLEIN AIR

IX

LE PLEIN AIR

Cependant les artistes que Manet avait attirés vers lui par son esprit d'innovation s'étaient à ce moment, en 1874, pleinement développés. Ils avaient formé un groupe produisant d'après des données assez neuves, pour qu'on eût senti le besoin de leur trouver un nom. On les avait alors appelés les Impressionnistes.

Les Impressionnistes, qui étaient surtout des paysagistes, se distinguaient par deux particularités. Ils peignaient en tons clairs et systématiquement, en plein air, devant la nature. Ils avaient reçu de Manet l'exemple de la peinture en tons clairs et ils s'étaient mis à travailler en plein air, comme adoptant une pratique déjà connue au moment où ils survenaient. On ne saurait dire, en effet, que l'idée de peindre devant la nature puisse être spécialement revendiquée par quelqu'un. Il est des procédés qui ont surgi d'une façon en quelque sorte spontanée et que l'on voit ensuite s'être généralisés, sans que l'on puisse trop savoir comment la chose s'est faite. Mais enfin, s'il fallait absolument citer des noms, on pourrait faire honneur à Constable en Angleterre, à Corot et à Courbet en France, de la coutume de peindre directement en plein air. Je me rappelle personnellement avoir vu ces deux derniers, assis l'un près de l'autre dans un champ et peignant chacun une vue de la ville de Saintes, ma ville natale. Seulement ils se restreignaient, en plein air, à des tableaux de petites dimensions, que l'on n'appelait pas même des tableaux, mais des études, et leurs œuvres importantes s'exécutaient à l'atelier.

Les paysagistes du groupe impressionniste, allant plus loin que leurs devanciers, avaient généralisé le procédé de peindre en plein air, en en faisant une règle absolue. Avec eux, il n'y eut plus de paysage produit dans l'atelier. Tout paysage, quelle que fût son importance, ou le temps demandé pour son exécution, dut être mené à terme directement devant le site à représenter. Les Impressionnistes sont arrivés de la sorte à obtenir des effets nouveaux et inattendus. Placés en tous temps, obstinément devant la nature, ils ont pu saisir, pour les rendre, ces aspects fugitifs, qui avaient échappé aux autres, retenus dans l'atelier. Ils ont observé ces différences considérées par les autres comme négligeables mais, pour eux, devenues essentielles, qui existent dans l'aspect d'une même campagne, par un temps gris ou le plein soleil, par la pluie ou le brouillard, et aux diverses heures de la journée. Ils ont recherché les apparences changeantes que la végétation revêt selon les saisons. L'eau s'est nuancée, sur leurs toiles, des tons infiniment variés, que le limon qu'elle entraîne, les bords qu'elle reflète, l'angle sous lequel le soleil la frappe. peuvent lui faire prendre.

Le groupe des premiers Impressionnistes comprenait Pissarro, Claude Monet, Renoir, Sisley. Ils étaient animés de pensées communes et, se tenant très près les uns des autres, ont tous contribué à l'épanouissement du système et à la découverte des règles à appliquer. Cependant s'il en est un qui ait plus particulièrement dégagé les traits propres de l'impressionnisme, c'est Claude Monet. Plus que tout autre, en effet, il a su donner à l'aspect fugitif de l'heure, à l'enveloppe ambiante de lumière, aux colorations éphémères des saisons l'importance décisive dans le rendu de la scène vue. Tellement qu'avec lui les impressions passagères sont devenues assez caractéristiques et distinctes pour former, par elles-mêmes et en elles-mêmes, le vrai motif du tableau. Personne n'avait donc, avant lui, poussé aussi loin l'étude des variations que l'apparence d'une scène naturelle peut offrir. Aussi, portant sa manière à l'extrême limite de ce qu'elle peut donner, devait-il peindre les mêmes meules dans un champ, ou la même façade de cathédrale à Rouen, un nombre de fois indéterminé, douze ou quinze fois, sans changer de place et sans modifier les lignes de fond du sujet, et cependant en exécutant bien réellement chaque fois un tableau nouveau. Il s'appliquait seulement à fixer chaque fois sur la toile un des aspects modifiés, que les changements de l'heure ou de l'atmosphère avaient fait prendre au sujet. L'impression ressentie variait dans chaque cas, et elle était saisie et rendue si effectivement que, dans chaque cas, elle lui permettait de produire un tableau différent.

Les Impressionnistes sortis de la période d'essais étaient arrivés, en 1874, à la pleine conscience d'eux-mêmes. Ils avaient fait cette année-là, sur le boulevard des Capucines, une première exposition d'ensemble de leurs œuvres, qui avait attiré l'atten-

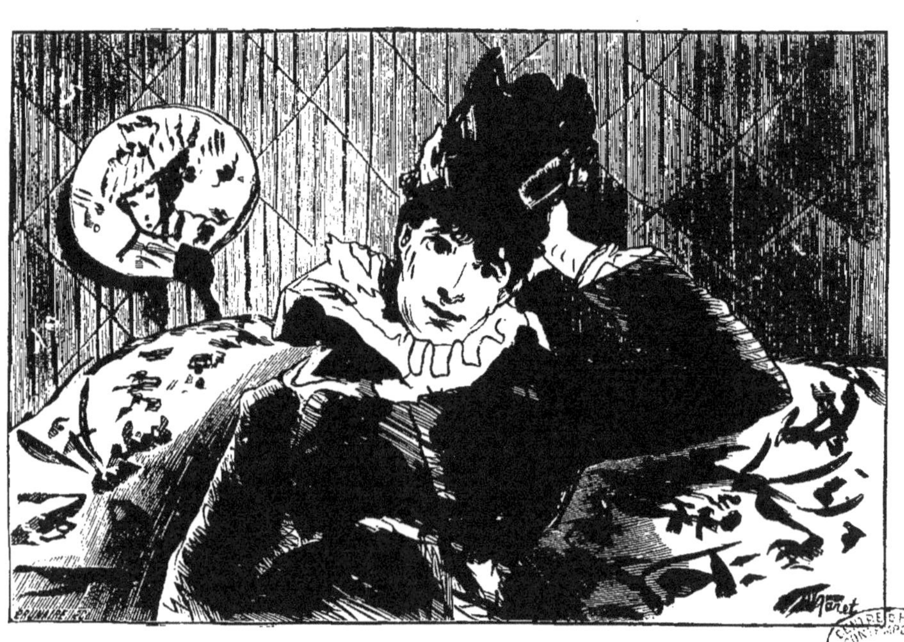

LA PARISIENNE (DEUXIÈME ÉTAT)

tion de la critique et du public. Mais la notoriété ainsi acquise n'avait eu d'autre résultat, que de soulever contre eux un immense mouvement de railleries et d'insultes. L'hostilité témoignée à Manet, à ses débuts, se reportait maintenant sur les Impressionnistes. Le peintre impressionniste devenait à son tour une sorte de paria, contre qui toute attaque paraissait licite.

Manet, qui, alors qu'il était universellement méprisé, avait trouvé des amis dans les hommes devenus maintenant les Impressionnistes, n'avait cessé de les suivre et de les encourager. Son intérêt s'était accru, lorqu'il avait vu la manière de peindre en clair, la sienne d'abord, s'étendre sous leur pratique à de nouveaux domaines et donner naissance, surtout dans le paysage, à une forme d'art originale. Aussi rencontraient-ils en lui un ardent défenseur. Alors qu'il était encore lui-même violemment attaqué et qu'il avait beaucoup de peine à surmonter les difficultés qui l'assaillaient, il lui restait du temps et de l'énergie pour s'occuper d'eux et les aider. Il se trouvait à court d'argent, il dépensait réellement plus que la fortune paternelle le lui permettait et il lui fallait compter, comme supplément, sur la vente de ses œuvres, mais qui ne survenait qu'accidentellement et encore ne lui procurait que des sommes minimes. Il était donc dans une situation à ne pouvoir réellement se permettre la moindre largesse ; cependant sa générosité naturelle et son amitié l'emportaient. Il s'ingéniait à aider ses amis, même de sa bourse. Il était allé en 1875 voir Claude Monet qui habitait Argenteuil et qui se voyait tellement combattu et méprisé, qu'il ne pouvait arriver que très difficilement à vivre de son travail ; alors, à la recherche de combinaisons pour venir à son aide, il m'écrivait :

« Mercredi. »

« Mon cher Duret,

« Je suis allé voir Monet hier. Je l'ai trouvé navré et tout à fait à la côte.

« Il m'a demandé de lui trouver quelqu'un qui lui prendrait, *au choix*, de dix à vingt tableaux, à raison de 100 francs. Voulez-vous que nous fassions l'affaire à nous deux, soit 500 francs pour chacun ?

« Bien entendu personne, et lui le premier, ignorera que c'est nous qui faisons l'affaire. J'avais pensé à un marchand ou à un amateur quelconque, mais j'entrevois la possibilité d'un refus.

« Il faut malheureusement s'y connaître comme nous, pour faire, malgré la répugnance qu'on pourrait avoir, une excellente affaire et en même temps rendre service à un homme de talent. Répondez-moi le plus tôt possible ou assignez-moi un rendez-vous.

« Amitiés.

« E. MANET. »

Il semblera peut-être étrange que donner mille francs à un peintre impressionniste pour dix de ses tableaux ait jamais pu être un acte désintéressé. Mais tout est relatif et au moment où Manet écrivait cette lettre, il était plus difficile d'arracher cent francs pour un tableau de Claude Monet, qu'il ne l'est devenu depuis d'en obtenir dix mille. L'aversion, l'horreur, — je ne sais quel mot trouver qui soit assez fort pour exprimer le sentiment du public, — étaient alors telles, qu'en dehors d'une demi-douzaine de partisans, gens de goût, mais disposant de peu de ressources, considérés d'ailleurs comme des fous, personne ne voulait avoir de cette peinture, personne ne voulait se donner la peine de la regarder ou, si, par extraordinaire, quelqu'un la regardait, ce n'était que pour en rire. Les amateurs qui achetaient des tableaux n'eussent pas même consenti à recevoir en don une œuvre des Impressionnistes, invités à la mettre chez eux. Ils se fussent considérés ainsi comme dépréciant leurs collections et comme perdant leur renom d'hommes de goût. M. Durand-Ruel, le seul marchand qui eût encore acheté des œuvres si décriées, allait tellement contre le goût général, qu'il ne pouvait en vendre à n'importe quel prix. Après avoir longtemps persisté à faire des avances aux Impressionnistes, envers lesquels il se conduisait non plus en homme d'affaires, mais en ami dévoué, il avait empilé de leurs toiles et épuisé sa caisse, à un point qui le mettait dans l'impossibilité momentanée de les soutenir. Dans ces circonstances, l'aide que Manet concevait se produisait bien comme un acte de désintéressement.

Manet cherchait, de toutes manières, à trouver des acheteurs aux Impressionnistes. Il gardait de leurs œuvres dans son atelier, qu'il s'efforçait de faire prendre aux personnes qui venaient le visiter, et il les vantait dans les termes les plus louangeurs. Claude Monet était de tous celui vers lequel il se sentait le plus vivement porté. Il admirait surtout son art de peindre l'eau, sous les apparences les plus diverses. Monet, disait-il, est le Raphaël de l'eau. Il le considérait comme tout à fait maître dans sa sphère. Un hiver il voulut peindre un effet de neige; j'en possédais précisément un de Monet qu'il vint voir; il dit, après l'avoir examiné : « Cela est parfait, on ne saurait faire mieux », et il renonça à peindre de la neige. Il s'établit ainsi entre eux une grande amitié et des rapports suivis, qui se sont toujours traduits par un échange de bons procédés.

Manet fut amené à peindre Claude Monet et les siens plusieurs fois. Il le peignit, une première fois en 1874, dans son bateau sur la Seine. Monet, q. travaillait directement devant la nature, s'étai. aménagé un bateau, à l'époque où il habitait Argenteuil, pour y exécuter à l'aise ses vues de la Seine. Il l'avait disposé d'une façon particulière avec une petite cabine au fond, où se réfugier en cas de mauvais temps, et une tente par devant, sous laquelle il pouvait se tenir au soleil. Manet avait représenté Monet peignant sous la tente de son bateau et Mme Monet, par derrière, assise dans la cabine. Il avait lui-même donné pour titre au tableau : *Monet dans son atelier*, en disant plaisamment : « Monet ! son atelier, c'est son bateau. » Il a peint encore une fois Monet et sa famille en plein air, toujours en 1874, cette fois dans leur jardin. La femme et le fils sont assis sous des arbres, pendant que le père, contre une haie, s'occupe à jardiner.

Manet avait été lui-même, dès ses débuts, un partisan de la peinture en plein air, que les Impressionnistes étaient venus adopter systématiquement. Avec ses idées de ne peindre que des choses vues, il avait commencé à faire des études de plein air dès

1854, alors qu'il fréquentait encore l'atelier de Couture. En 1859, il a peint un paysage à Saint-Ouen qui s'est appelé la *Pêche*, où on voit la Seine avec ses rives et un pêcheur dans un bateau. Il devait ensuite avoir la fantaisie de placer sur cette toile son portrait et celui de sa femme, tous les deux vêtus de costumes à la Rubens, ce qui a fait prendre à l'œuvre un air composite assez singulier. Il peignit en 1861 des études dans le jardin des Tuileries, qui devaient lui servir à composer son tableau de la *Musique aux Tuileries*. Son paysage du *Déjeuner sur l'herbe* a été peint en 1863, d'après des études faites à l'île de Saint-Ouen. A son exposition de 1867 ont figuré diverses marines, des paysages, une course de chevaux, exécutés en plein air les années précédentes. En 1867, il peint, sur une toile de dimensions importantes, une *Vue de l'Exposition universelle*. La vue, prise du Trocadéro, s'étend sur le Champ de Mars, où cette année-là l'exposition était concentrée. Mais à ce moment le plein air était un des sujets les plus discutés, dans les réunions du café Guerbois, entre Manet et ses amis. Il s'adonnera donc désormais, d'une manière toute spéciale, à la peinture de plein air; il lui fera une part de plus en plus grande dans sa production.

En 1868 et 1869 il passe une partie de l'été à Boulogne; il y peint des marines et des vues du port.

L'une d'elles, connue sous le titre du *Clair de lune* ou du *Port de Boulogne*, a été prise d'une fenêtre de l'hôtel de Folkestone, sur le quai de Boulogne. Elle rend bien la magie de la nuit et l'apparence fantastique des nuages, emportés devant la lune. Deux toiles ont été consacrées au départ du bateau à vapeur, faisant le service entre Boulogne et Folkestone. En 1870, avant la guerre, il peint dans un jardin de Passy le petit tableau qui s'est appelé le *Jardin*, où l'on voit une jeune femme en blanc, assise près de son enfant placé dans une petite voiture et un jeune homme à côté, étendu sur l'herbe. En 1871 il peint le *Bassin d'Arcachon*, à son retour des Pyrénées, et le *Port de Bordeaux*, des fenêtres d'une maison située sur le quai des Chartrons. En 1872 il peint en Hollande, où il est allé, une marine. En 1873 ses tableaux de plein air sont particulièrement nombreux. Il passe une partie de l'été à Berck-sur-Mer ; il y peint les *Hirondelles*. Sa mère et sa femme ont posé pour les dames représentées. Il les a réduites à des proportions tellement restreintes, que le tableau demeure presque un paysage pur. Le titre est venu de quelques hirondelles, qui volent par-dessus le terrain couvert de gazon. Il peint encore à Berck une vue de mer avec personnages. Sa femme est assise au premier plan ; à côté d'elle Eugène Manet est étendu sur le sable et, au fond, la mer bleue s'élève vers l'horizon. Ce tableau s'est appelé *Sur la Plage*. Il peint, toujours à Berck, les *Pêcheurs en mer*; embarqué avec eux, il les a saisis sur le vif, à leur travail, pendant que l'embrun de la mer venait mouiller sa toile. Les longues années passées à terre sans naviguer lui avaient fait perdre le pied marin, acquis au cours de son voyage au Brésil, car il racontait que le mal de mer l'avait fort incommodé sur la barque de pêche. Il peint en outre, en plein air, en 1873, la *Partie de crocket*, et enfin le *Chemin de fer*, qu'il expose au Salon de 1874.

Dans ses œuvres de plein air, Manet devait marquer sa manière personnelle, en face de ses amis les Impressionnistes. Eux, qui étaient principalement des paysagistes, peignaient surtout en plein air des paysages purs, où ils introduisaient accessoirement des figures humaines; tandis que lui, qui jusqu'à ce jour avait surtout peint des tableaux de figures, maintenant qu'il abordait plus particulièrement le plein air, se maintenait cependant dans sa véritable manière, en donnant à ses figures une grande importance, de telle sorte que le paysage ne formât le plus souvent autour d'elles que le cadre ou le fond de la scène.

Dans ces idées Manet se résolut à frapper un coup. Jusqu'alors ses tableaux de plein air avaient été de dimensions assez restreintes. Le premier qu'il eût envoyé au Salon en 1874, le *Chemin de fer*, se trouvant de cet ordre, n'avait guère été reconnu pour ce qu'il était. Maintenant il en peindrait un où les personnages atteindraient la grandeur naturelle et qui serait tellement caractéristique, qu'on ne pourrait se méprendre à son sujet. Dans l'été de 1874, il s'assure une femme appropriée et obtient de son beau-frère Rudolph Leenhoff de venir poser. Il les emmène à Argenteuil. Là il les place l'un contre l'autre, dans un bateau, assis sur un banc, avec l'eau bleue, comme fond, et une des berges de la Seine, pour clore l'horizon. Il se met à les peindre, en plein soleil, sur une toile d'un mètre cinquante de haut et un mètre quinze de large. Peindre ainsi deux personnages de grandeur naturelle, en maintenant à chaque être et au paysage l'intensité de coloris que l'éclat du plein air leur donnait, était une tentative d'une extrême hardiesse. Il fallait pour la mener à bien un homme, doué d'abord d'une vision particulière, puis habitué à réaliser sur la toile la juxtaposition des tons les plus tranchés.

L'œuvre terminée fut exposée, comme unique envoi, au Salon de 1875, sous le titre d'*Argenteuil*. Il s'était proposé de frapper un coup avec ce tableau. Il devait pleinement y réussir, mais non pas de la manière qu'il eût désirée. Quand il cherchait à attirer l'attention, c'était toujours avec l'espérance de captiver le public et la presse. Les déceptions ne le décourageaient point; après tant d'œuvres montrées sans trouver le succès recherché, il pensait toujours qu'il en produirait d'autres qui le lui obtiendraient. Il lui était arrivé une chance de ce genre avec le *Bon Bock*, mais par un concours exceptionnel de circonstances heureuses. Maintenant qu'avec son *Argenteuil*, il se proposait de frapper un coup d'éclat, en mettant dans une œuvre, comme il l'avait déjà fait, la marque de sa pleine originalité, la tentative, loin d'avoir le résultat favorable qu'il entrevoyait toujours, ne pouvait que soulever de nouveau l'hostilité que ses œuvres antérieures, produites dans les mêmes données, avaient fait naître. C'est ce qui allait en effet avoir lieu. L'*Argenteuil* devait être, avec le *Déjeuner sur l'herbe*, l'*Olympia* et le *Balcon*, celui de ses tableaux qui rencontrerait la désapprobation la plus violente et la plus universelle.

Une des particularités qui avaient le plus déplu chez Manet avait été sa manière de peindre en tons clairs juxtaposés. On n'avait vu tout d'abord dans cette pratique qu'un « bariolage », et l'œil habitué aux tableaux enveloppés d'ombre en avait été offensé. Cependant, depuis plus de dix ans qu'il persistait à se produire aux Salons, et qu'il y revenait toujours le même, on avait fini par le tolérer. On avait même été jusqu'à accepter celles de ses œuvres conçues dans une gamme de couleurs moins vive que les autres. En outre, sans qu'on s'en rendît compte, par la seule puissance du vrai sur le convenu, du naïf sur l'artificiel, cette manière tant abhorrée d'appliquer les tons clairs sans ombres intermédiaires exerçait son influence et l'école française commençait à supprimer les ombres opaques, pour aller vers le clair. Ainsi l'accoutumance venue d'une part, et de l'autre un changement général se produisant, il se trouvait que l'art de Manet ne frappait plus par un air d'absolue étrangeté, qu'il n'était plus considéré comme entièrement en dehors des règles. Si on n'allait point encore jusqu'à l'accepter tout à fait, au moins on s'y habituait, dans une certaine limite. Mais voilà qu'avec cet *Argenteuil* peint en plein air, Manet accentuait tellement sa manière, qu'il se remettait vis-à-vis des autres dans l'état de séparation absolue, où il s'était trouvé à l'origine. L'éclat des tons se trouvait porté, par le fait d'un tableau peint en plein air, à un tel degré d'acuité, qu'il dépassait de beaucoup tout ce que les tableaux peints dans la lumière atténuée de l'atelier avaient laissé voir. Le gain que Manet avait pu faire, par l'accoutumance où l'on était entré avec ses tableaux d'atelier, était donc perdu pour ceux du plein air.

Aussi revoyait-on devant l'*Argenteuil* ces attroupements bruyants qui s'étaient produits devant le *Déjeuner sur l'herbe* et l'*Olympia*. L'éclat du plein air offusquait. Les spectateurs le trouvaient intolérable. Leurs yeux ne pouvaient le supporter. Un effet exaspérait par-dessus tout : l'eau de la Seine peinte d'un bleu intense. Il est pourtant certain que l'eau limpide et profonde d'une rivière, frappée, dans certaines conditions, par le soleil, laissera voir des tons d'un tel bleu, que la palette la plus riche ne pourra pleinement les rendre. Manet ayant peint la Seine à Argenteuil par un soleil ardent avait eu beau s'efforcer, l'eau bleue de son tableau avait dû rester, comme éclat, au-dessous de la réalité. Mais le public et les critiques n'étaient à même d'entrer dans aucune de ces considérations. Cette eau bleue leur causait une sorte de souffrance physique, elle les aveuglait. Devant le *Balcon* de 1869, tout le monde s'était récrié. Avait-on jamais vu un balcon vert! Maintenant tout le monde se soulevait contre l'eau de l'*Argenteuil*. Avait-on jamais vu de l'eau bleue dans une rivière!

Il était vrai qu'on n'avait jamais vu apparaître, dans un tableau du Salon et même dans aucun autre tableau n'importe où, de l'eau bleue, peinte avec une telle intensité de coloris, puisque personne, excepté les Impressionnistes, ne s'était encore avisé d'aller peindre en plein soleil, directement devant la nature. Manet s'étant livré à une tentative originale et ayant travaillé dans des conditions encore inconnues devait par cela même produire une œuvre douée de caractères qui la différencieraient de toutes les autres. C'est précisément parce qu'il en était ainsi qu'elle eût dû être louée ou au moins prise en considération, comme hors de la banalité et du pastiche, qui sont la mort de l'art. Mais au contraire le public en art, comme en toutes choses, n'aime que les voies battues, commodes à sa nonchalance. Il est d'instinct l'ennemi des nouveautés. Cet *Argenteuil*, vu au Salon comme une œuvre sans précédent, déplaisait donc par cela même à tout le monde.

Le tableau qui, par sa tonalité générale, soulevait l'hostilité, ne gagnait rien, lorsque les deux personnages qui y figuraient étaient considérés à part. D'abord on les déclarait laids et vulgaires. Et puis! que faisaient-ils assis sur un banc, dans ce bateau? Ils manquaient peut-être de raffinement, mais les canotiers qui vont, les hommes en tricot, les femmes en robes multicolores, s'amuser sur l'eau, n'ont jamais appartenu à l'élite sociale. D'ailleurs ils étaient assis dans le bateau, pour n'y rien faire autre chose que d'y être assis. C'était la question posée, à l'occasion du *Chemin de fer*, l'année précédente, où une femme et une petite fille avaient été représentées sans se livrer à aucune mimique particulière, simplement pour offrir deux figures à peindre. Le public insensible aux arrangements picturaux en eux-mêmes, qui demande toujours aux personnages d'un tableau d'accomplir une action bien déterminée, avait trouvé, en 1874, les femmes du *Chemin de fer* « incompréhensibles », et il jugeait, en 1875, étranges et méprisables les canotiers de l'*Argenteuil*, dans la simplicité de leur pose et de leur habillement.

En peignant son *Argenteuil*, Manet avait représenté un côté de la vie parisienne, qui a presque entièrement disparu. Avant que la bicyclette ne fût connue, le canotage, les jours fériés, dans la belle saison, formait l'amusement d'une partie de la jeunesse. Argenteuil, Asnières, Bougival, voyaient accourir des bandes de jeunes gens des deux sexes qui, après avoir prodigué leurs forces à ramer sur l'eau, finissaient la journée par un festin au cabaret et un bal champêtre. La bicyclette a mis fin à ces divertissements; ceux qui s'y fussent autrefois adonnés se dispersent maintenant sur les routes. Les canotiers venaient de mondes différents, mais les femmes qu'ils emmenaient avec eux n'appartenaient qu'à la classe des femmes de plaisir de moyenne condition. Celle de l'*Argenteuil* est de cet ordre. Or comme

Manet, serrant la vie d'aussi près que possible, ne mettait jamais sur le visage d'un être autre chose que ce que sa nature comportait, il a représenté cette femme du canotage, avec sa figure banale, assise oisive et paresseuse. Il a bien rendu la grue que l'observation de la vie lui offrait. Il a encore peint un type analogue dans son tableau la *Prune*. Une femme, de celles qui attendent dans les cafés la rencontre à venir, accoudée sur une table, regarde l'œil vague, devant elle, dans le néant de sa pensée.

Après avoir peint dans l'*Argenteuil* la vie à peu près disparue du canotage, Manet devait peindre, dans la *Servante de Bocks*, la vie, qui survenait alors et qui s'est depuis fort développée, du cabaret à chansons. On avait ouvert, sur le boulevard de Clichy, un établissement de cet ordre, appelé de Reichshoffen, où la bière était apportée par des servantes. Manet avait remarqué le mouvement des servantes qui, en posant d'une main un bock sur la table, devant le consommateur, savaient en tenir plusieurs de l'autre, sans laisser tomber la bière. Voulant peindre une de ces filles à l'œuvre, il s'interdit de prendre, pour poser, un modèle quelconque, il lui fallait la fille même. Il est de ces mouvements que seule une longue pratique a pu enseigner. Millet a peint une enfourneuse, une villageoise introduisant une miche dans un four, et il l'a peinte en indiquant avec justesse la saccade des deux bras et du dos qu'elle fait, pour détacher sa miche de la pelle qui la supporte et l'enfoncer dans le four. Tous les modèles de la terre n'auraient pu donner à Millet son enfourneuse. Il lui a fallu pour l'obtenir trouver une villageoise d'entre les villageoises, qui eût, toute sa vie, pétri et enfourné du pain. Désireux de peindre une servante de bocks, dans l'exercice si l'on peut dire de sa virtuosité, Manet s'adressa à celle du café qui lui parut la plus experte. Cette fille flairant l'aubaine affecta des scrupules et déclara qu'elle n'irait poser dans son atelier qu'accompagnée d'un « protecteur ». Il dut en passer par là et les payer grassement tous les deux pendant qu'il exécutait son tableau. Le protecteur se trouva être un grand diable en blouse. Il l'a représenté, accoudé sur une table, la pipe à la bouche, tandis que la servante pose un bock près de lui, de son geste particulier.

Le soulèvement causé au Salon de 1875 par l'*Argenteuil* avait été si violent, qu'il était presque venu remettre Manet dans la situation de réprouvé du début. Il conservait, il est vrai, pour le défendre, un groupe d'artistes, d'hommes de lettres, d'amis et de partisans qui lui avaient manqué autrefois. Mais leur voix qui pouvait être entendue, lorsque la réprobation faiblissait ou cessait même, comme à l'occasion du *Bon Bock*, était étouffée lorsque, comme dans le cas de l'*Argenteuil*, elle se déchaînait en tempête. Alors les ennemis avaient beau jeu et c'était par fortune qu'un ami comme M. Jules de Marthold parvenait à présenter une vigoureuse défense de l'art de Manet, dans un journal où il était rédacteur. La presse autrement ne s'ouvrait qu'aux railleries, aux caricatures, aux insultes et Manet, qui avait pensé qu'avec son essai de plein air, il parviendrait peut-être à captiver le public, se voyait de nouveau déçu et rejeté en plein combat.

Il ne se décourageait jamais. L'insuccès de l'*Argenteuil*, loin de le faire renoncer à la peinture de plein air, ne fut qu'un stimulant pour l'y attacher. Il lui donnera donc maintenant, jusqu'à la fin, une place tout à fait régulière dans son œuvre. Il l'entremêlera systématiquement avec celle de l'atelier. Il avait, en même temps que l'*Argenteuil*, peint un autre tableau de plein air, *En bateau*, qu'il devait exposer au Salon de 1879, et étant allé en 1875 faire un voyage à Venise, il en rapporta deux toiles de plein air. Le motif lui avait été fourni par les poteaux de couleurs vives, placés sur les canaux, devant la porte d'eau de certains palais.

En 1875, l'été, il peint dans un jardin le *Linge*, pour l'exposer comme suite à l'*Argenteuil*. Il l'envoie, en effet, avec un autre tableau, l'*Artiste*, peint à l'atelier, au Salon de 1876, mais le Jury les refusa. Voilà donc que, tout à coup, après huit ans, le jury revenait à son ancienne rigueur et se remettait à frapper Manet d'ostracisme. Le refus du jury, en 1876, se produisait comme la conséquence du soulèvement du public et de la presse contre l'*Argenteuil* de 1875, de même que le refus du jury, en 1866, avait été la conséquence du soulèvement de l'opinion contre l'*Olympia* de 1865. Le jury était fondamentalement hostile à Manet ; les peintres qui le composaient, alors ancrés dans la tradition et l'observance des vieilles règles, ne voyaient en lui qu'un révolté, à frapper le plus possible. Du moment qu'on ne voulait point admettre que le Salon fût un lieu, où l'originalité, comme suprême condition de tout art vivant, dût être la bienvenue, qu'on considérait au contraire qu'on ne devait y être reçu qu'en se soumettant aux préceptes inculqués, le jury ne pouvait que traiter Manet en réprouvé. Ses membres mettaient donc à profit, pour l'exclure, l'insuccès de son *Argenteuil* et ils le faisaient d'autant mieux que cette apparition de la peinture en plein air leur semblait devoir renverser tout ce qui restait encore debout du grand art traditionnel, tel qu'ils le concevaient.

Comment auraient-ils pu se refuser la satisfaction de frapper Manet ! Mais cet homme, à leurs yeux, était un monstre qui, alors qu'on lui faisait des concessions, qu'on commençait à tolérer ses déportements, loin de s'assagir, repartait de plus belle et se déchaînait aux extrêmes. Il était d'abord venu comme saccager le grand art du nu avec son *Déjeuner sur l'herbe* et son *Olympia*; il avait rejeté les règles enseignées de marier l'ombre avec les clairs, pour peindre par tons vifs juxtaposés. Voilà que depuis dix ans, cette manière, réapparaissant, commençait à agir sur les jeunes peintres, pour les débaucher, les éloigner de la sage tradition et par surcroît son auteur en arrivait maintenant, avec la peinture du plein air, à des outrances non soupçonnées, des scènes fixées directement devant la nature, le soleil ardent, l'eau bleue, les arbres verts, les multicolores habillements mis côte à côte, pour aveugler les gens et leur faire sans doute bientôt considérer les autres toiles du Salon, avec leurs ombres traditionnelles, comme des productions du Tartare. Il avait, en outre, engendré d'autres monstres, les Impressionnistes, qui rapportaient de la campagne des tableaux, où chaque jour ils surhaussaient l'éclat des tons. Enfin, la réprobation de la presse et du public s'étant produite en 1875 comme pour les soutenir, ils reprenaient leur rôle de défenseurs de la tradition et de protecteurs des règles, en fermant de nouveau le Salon à Manet.

Les deux tableaux refusés, le *Linge* et l'*Artiste*, étaient des œuvres puissantes. Le *Linge* représentait une femme au milieu d'un jardin, vêtue d'une robe bleue. Elle était occupée à laver du linge dans un baquet, sur lequel un enfant debout s'appuyait des mains. Les effets de coloris étaient produits par la robe bleue de la femme, les grandes plantes vertes du jardin et des linges blancs, tendus sur des cordes. C'est dans cet assemblage que Manet avait réalisé la juxtaposition de tons vifs, demandée aux extrêmes ressources de sa palette, qui, analogues aux audaces de l'*Argenteuil*, avaient fait refuser le tableau.

Mais pour que le jury étendit ses rigueurs à l'autre, à l'*Artiste*, il fallait qu'il fût réellement désireux de montrer toute sa colère, car celui-là, peint dans l'atelier, restait conforme à la donnée ordinaire de Manet, que les jurys, en recevant depuis des années ses tableaux, avaient par là même comme acceptée. C'était un portrait en pied du graveur Desboutins, vu de face, bourrant sa pipe, peint tout entier dans les gris, sans l'introduction de ces couleurs variées, capables d'offusquer. Il était plein d'air et de lumière et si, dans l'exécution de certaines parties, on voyait les touches et les indications sans fini précieux propres à Manet, ces particularités semblaient au moins à leur place, dans une œuvre

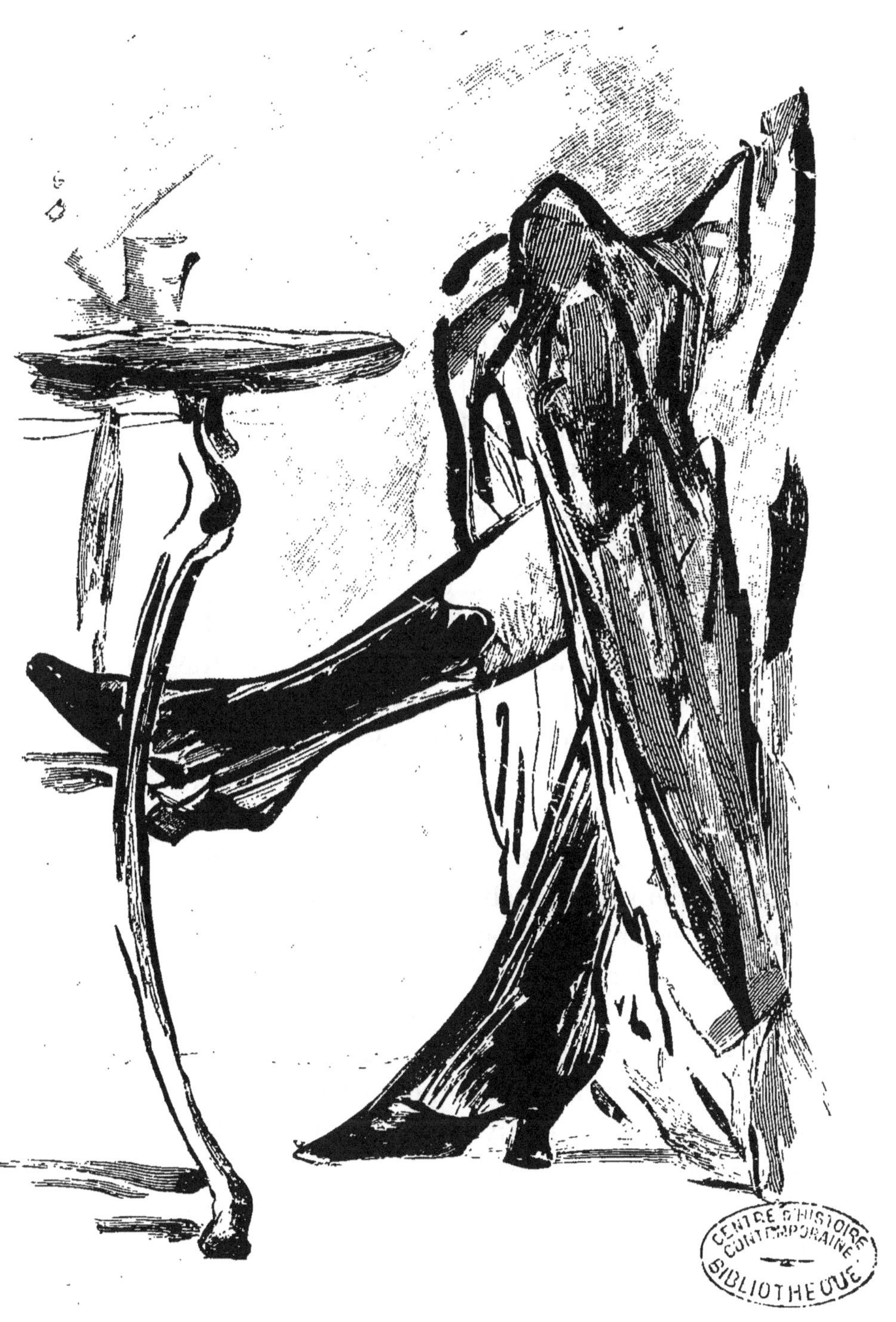

LES BOTTINES

de grandes dimensions, où le personnage se détachait comme un bloc.

Manet, exclu du Salon, résolut de montrer ses tableaux dans son atelier. Il adressa des lettres à la presse, aux artistes, aux amateurs, aux hommes du monde, pour qu'ils vinssent les voir et les juger. Il plaça près d'eux un registre où les visiteurs purent écrire. Les remarques et les observations les plus diverses y furent consignées, quelques-unes saugrenues, beaucoup d'autres, où les gens, gardant naturellement l'anonyme, laissaient voir, par des grossièretés, combien était encore profonde l'hostilité contre l'artiste. Mais les amis et les partisans purent exprimer de leur côté leur approbation et leurs louanges. Manet était si connu, ses productions soulevaient d'abord une telle curiosité, on était si bien habitué à s'échauffer à son sujet, que l'exposition particulière de ses tableaux fit du bruit. Elle devint un événement parisien. Il fut de mode de visiter son atelier. De telle sorte que le refus du jury n'atteignit pas le résultat d'étouffement que ses auteurs s'en étaient promis. Les œuvres refusées, si elles échappèrent à la foule qui se bouscule aux Salons, furent en définitive vues de l'élite, qui s'intéresse aux choses d'art.

La presse, il faut lui rendre cette justice, prit d'ailleurs presque entièrement parti pour Manet contre le jury. Ces journalistes mêmes qui, au précédent Salon, avait témoigné de leur mépris pour l'*Argenteuil* et qui maintenant encore, en présence des œuvres montrées dans l'atelier, n'avaient que des critiques à exprimer, s'élevaient cependant contre l'ostracisme dont leur auteur était l'objet. On trouvait qu'un homme depuis si longtemps sur la brèche, déployant une telle volonté de travail, devait avoir le droit de se produire. Le jury abusait, pensait-on, de ses pouvoirs en le mettant en interdit. Qu'on le laissât donc exposer! Ce serait ensuite à la presse et au public à faire justice de ses erreurs. Tous s'étaient du reste acquittés de cette mission, en le poursuivant sans relâche de leurs sévérités. C'est pourquoi, après l'avoir si longtemps malmené, c'eût été un manque de générosité, que de venir maintenant approuver qu'on lui fermât le Salon. De telle sorte que le soulèvement causé par l'*Argenteuil*, sur lequel le jury s'était comme appuyé pour frapper Manet, n'amenait point l'approbation de son acte qu'il s'était promise. Et puis, comme on se dérangeait pour aller voir les tableaux dans l'atelier, le jury, moralement blâmé pour sa sévérité, n'en obtenait même pas l'avantage de pouvoir soustraire aux regards les audaces jugées démoralisantes du peintre.

Manet se sentit donc assez défendu pour croire que

les refus subis en 1876 ne se renouvelleraient pas en 1877. Malgré cela, pour se rouvrir avec certitude le Salon, il tint un certain compte des répulsions du jury, en ne présentant point cette fois-ci d'œuvre de plein air, mais en envoyant deux tableaux peints dans l'atelier. Le jury ne pouvait dès lors songer à renouveler ses refus et les tableaux furent déclarés admis. L'un d'eux fut cependant ensuite éliminé, à cause du sujet considéré comme trop libre.

Le tableau éliminé avait pour titre *Nana*, d'après le roman d'Émile Zola. Il représentait une jeune femme à sa toilette, en corset et en jupon, à même de se pomponner. Jusque-là il n'offrait rien qui pût effaroucher et c'était un personnage accessoire qui, en lui donnant sa signification, avait amené le jury à l'exclure. Manet avait peint, sur un côté de la toile, contemplant la toilette de la jeune femme, un monsieur en habit noir, assis le chapeau sur la tête. Par ce personnage et le détail du chapeau, la femme était déterminée ; sans qu'on eût besoin d'explications, on voyait qu'on avait affaire à une courtisane. Manet qui voulait peindre la vie sous tous ses aspects, qui cherchait à la rendre la plus vraie possible, avait trouvé moyen, par l'introduction auprès d'une femme d'un personnage masculin d'ailleurs inactif, d'établir un intérieur de courtisane. C'était un des côtés de la vie de plaisir qu'il rendait, mais à l'aide d'un artifice si simple et si tranquille, que l'ensemble n'avait rien d'offensant. On avait devant soi une œuvre d'art à juger uniquement comme telle et à ceux qui eussent voulu la considérer d'un autre point de vue, on pouvait dire : Honni soit qui mal y pense. Car jamais Manet n'a fait autre chose que de peindre, sans sous-entendu, les scènes conçues franchement, pour exister comme œuvres d'art. Quand on a voulu trouver dans son *Déjeuner sur l'herbe*, dans son *Olympia* ou dans sa *Nana* certaines intentions, ce sont simplement les accusateurs qui tiraient d'eux l'idée malsaine qu'il n'avait jamais eue. Lorsqu'on compare en particulier cette *Nana* aux nombreuses représentations de Joseph et de Putiphar, de Suzanne et des vieillards, de Nymphes et de Satyres, peintes par les grands maîtres et placées dans les musées, on reconnaît qu'elle est à côté d'une réserve parfaite. Mais le temps est encore ici un élément essentiel. Après la mort de leurs auteurs, les audaces s'apaisent et se font accepter, tandis que l'exposition tranquille de simples réalités, au moment où elle se produit, paraît offensante. Toujours est-il que le jury du Salon de 1877 se refusait à montrer une courtisane, qu'on eût pu prendre pour une vertu, en comparaison de certaines dames tenues dans les musées. Il est présumable aussi que le Jury, qui tant de fois avait repoussé

Manet, n'y regardait pas de si près et que *Nana* lui offrant un motif de refus à faire valoir, il s'empressait de le saisir, pour bannir un de ses tableaux de plus. L'autre envoi au Salon et celui-là exposé était le *Portrait de M. Faure, dans le rôle d'Hamlet.*

M. Faure, baryton, était alors le chanteur le plus en renom du Grand-Opéra. Il avait noué des relations d'amitié avec Manet. Il fréquentait son atelier et, grand collectionneur, était devenu, après M. Durand-Ruel, le principal acheteur de ses tableaux. Manet l'avait représenté dans le rôle d'Hamlet, de l'opéra du même nom d'Ambroise Thomas. C'était la seconde fois qu'il peignait un Hamlet. Les deux n'ont aucune ressemblance. On est surpris d'abord, qu'un même rôle puisse fournir deux types aussi dissemblables. Mais lorsqu'on observe directement la vie on découvre une grande multiplicité d'aspects, sous des formes où l'on aurait d'abord pu soupçonner l'uniformité. Les Hamlet peints par Manet, personnifiés par deux acteurs différents, engagés dans des genres différents, n'ont donc pu se ressembler. Le premier, peint en 1866, sous le nom de l'*Acteur tragique*, représentait Rouvière qui, en effet, acteur tragique, faisant surtout ressortir dans ses rôles le côté farouche, avait amené Manet à peindre un Hamlet ténébreux, porté à la vengeance. Le second, celui de cette année, représentait au contraire Faure.

qui, ayant à chanter la musique d'Ambroise Thomas et à se faire entendre dans une immense salle d'Opéra, s'offrait sans caractère dramatique saillant et ne pouvait donner, ce que Manet avait en effet mis sur la toile, qu'un Hamlet à l'aspect de virtuose.

Par exception, les deux tableaux envoyés au Salon de 1877 montraient des types empruntés à la littérature, l'un à une tragédie de Shakespeare, l'autre à un roman de Zola. Mais avec eux Manet n'était point remonté jusqu'à l'œuvre littéraire, pour y chercher le caractère original, que les auteurs avaient eux-mêmes voulu donner à leurs héros. Il s'était arrêté en route, en prenant, pour les peindre, des êtres vivants doués d'une physionomie propre. On voit par là que, contrairement aux romantiques et en particulier à Delacroix, il ne concevait point son art de la peinture comme devant se conformer à des œuvres littéraires, pour en devenir une explication ou une illustration. Ses Hamlet ne sont donc point de Shakespeare, pas plus que sa Nana n'est de Zola. Dans le cas de ses Hamlet, il ne s'est point demandé quel était le type réellement créé par l'imagination de Shakespeare pour le rendre, il a peint deux êtres spéciaux, que lui offraient deux acteurs distincts, posant devant lui. De même que dans sa Nana, il a peint le modèle qu'une courtisane réelle lui fournissait, sans s'attacher à personnifier exactement la création du roman, et aussi reconnaît-on que sa Nana et celle de Zola sont deux femmes différentes.

En 1878 comme en 1867, il devait y avoir une Exposition universelle ou, à côté de l'Industrie, on ferait une place aux Beaux-Arts. Manet cette année-là n'envoya rien au Salon, mais désireux d'apparaître à la plus importante des expositions, il y présenta des œuvres. Elles furent refusées. En 1878, comme en 1867, il voyait donc l'Exposition universelle se fermer pour lui. C'était un jury spécial qui choisissait les tableaux à exposer, mais il se recrutait parmi les mêmes peintres vieillis dans le respect des règles, qui formaient les jurys des Salons annuels. Or tous ceux-là qui, pleins de la croyance qu'ils devaient défendre la tradition, avaient autant que possible fermé les portes des Salons à Manet, s'ils avaient enfin été contraints par la force des choses de les lui ouvrir, se rejetaient sur l'Exposition universelle, comme sur un exceptionnel retranchement, pour l'en tenir à l'écart et l'empêcher de se produire.

Manet frappé ainsi, pour la seconde fois, dans une occasion exceptionnelle, eut la pensée de recourir à une exposition particulière, comme il l'avait fait en 1867. Il rechercha un local et il rédigea même le catalogue des œuvres à montrer, qui comprenait cent numéros. Puis il renonça à son projet. Il fut sans doute amené à s'abstenir ainsi, par la pensée qu'après l'énorme attention qui s'était portée sur ses œuvres aux Salons, elles étaient assez connues pour qu'il pût se dispenser de les montrer à nouveau. Une autre cause, qui aussi l'arrêta, fut les frais considérables qu'une exposition à part eût amenés et qu'il ne pouvait encourir. Il continuait à ne vendre de tableaux que de loin en loin, à des prix fort minimes, et ses ressources limitées ne lui permettaient pas de répéter la dépense d'une installation spéciale, analogue à celle de 1867.

Cependant le refus éprouvé par Manet en 1878 à l'Exposition universelle, après celui de 1876 au Salon, avait soulevé de nombreuses protestations dans la presse et chez les artistes. On pouvait s'apercevoir ainsi que toujours méprisé par le public dans son ensemble, il gagnait du terrain parmi une élite. Le nombre de ses partisans et de ses défenseurs s'accroissait, de telle sorte que le jury qui le condamnait avait à subir de fortes attaques et que même ses membres se voyaient individuellement pris à partie et recevaient à leur tour des injures. Aussi, se sentant de plus en plus soutenu, renonça-t-il, en se présentant au Salon de 1879, à ces ménagements qu'il avait cru devoir observer au Salon de 1877, après le refus de 1876. Il avait alors écarté les tableaux de plein air, qui offusquaient particulièrement, pour n'envoyer que des toiles peintes dans l'atelier. Mais en 1879 il revient à la charge sans faire de concessions; il soumet au jury d'examen deux toiles, l'une *En bateau*, un plein air, l'autre *Dans la serre*, qui tout en ayant été peinte en lieu couvert, offrait cependant des tons très vifs. Les deux furent reçues.

En bateau avait été peint en 1874, avec l'*Argenteuil*, mais dans une gamme de tons moins violente. On n'y trouvait pas de détail aussi hardi que l'eau bleue, mise comme fond à l'*Argenteuil*. Le personnage principal, un canotier, tenait le gouvernail du bateau, vêtu d'un maillot blanc. Il s'harmonisait bien avec l'eau de la rivière d'un gris azur. Le tableau, relativement calme, s'il ne parvenait à recueillir l'approbation, passait au moins sans soulever une trop grande hostilité. *Dans la serre* déplaisait au même titre que toutes les œuvres de Manet, où se voyaient des tons variés et des couleurs vives. Deux personnages, une jeune femme et un jeune homme, s'y détachaient sur les plantes vertes d'une serre. La jeune femme était assise, étendue sur un banc ; le jeune homme, accoudé sur le dossier du banc, causait tranquillement avec elle. La scène s'offrait pleine de charme, mais comme le fond était formé par les plantes vertes peintes dans tout leur éclat, le public, selon son habitude en semblable

16.

circonstance, déclarait l'arrangement criard, et ses pauvres yeux s'en trouvaient offusqués.

Manet avait fait poser, pour son couple, un jeune ménage, M. et Mme Guillemet, amis de sa famille. La femme, une jolie personne très élégante, était connue pour le bon goût de ses toilettes. Aussi pouvant disposer d'un tel modèle avait-il su en profiter. On lui reprochait de ne peindre que des femmes vulgaires, mal habillées, et il ne pouvait oublier que son *Balcon*, de 1869, avait subi les railleries impitoyables, parce qu'on avait jugé que les dames qui s'y montraient étaient affreusement fagotées. Ayant à peindre cette fois-ci une élégante, il s'est étudié à maintenir à la robe ses plis rectilignes et sa coupe irréprochable, avec autant de soin que s'il eût travaillé pour un journal de modes. Mme Guillemet portait des chapeaux ravissants, qui excitaient d'autant plus la curiosité, qu'on savait qu'elle les faisait elle-même. Manet s'est appliqué en ami sur son chapeau, encore plus que sur sa robe. Il l'a rendu de telle sorte qu'aucune femme ne saurait manquer de le trouver à son goût. Il a repris l'arrangement de plantes vertes, mis comme fond à son tableau *Dans la Serre*, pour l'introduire dans une composition où sa femme, vêtue de gris, est représentée assise elle aussi sur un banc. Il a encore peint, dans le même temps, se détachant sur un fond de plantes vertes, mais cette fois assise dans un fauteuil, une jeune femme vêtue de noir, qui tient un éventail déployé.

A ce moment, en 1879, Manet, au sommet de sa carrière, avait atteint le genre de renom qui devait lui appartenir de son vivant. C'était un des hommes les plus en vue de Paris. Tout le monde savait qui il était. Mais dans la masse du peuple et même dans cette foule restreinte qu'on appelle le *Tout Paris*, il demeurait incompris. On ne voyait toujours en lui qu'un artiste outré, violent, sans les qualités des vrais maîtres et, en définitive, il restait presque le réprouvé qu'il avait été à ses débuts. Une élite d'écrivains, de connaisseurs, d'artistes, de femmes distinguées, un noyau de disciples lui étaient venus, qui, sachant l'apprécier, lui témoignaient la plus vive amitié; il sentait que les jeunes artistes s'abandonnaient en partie à son influence. Mais ces avantages, dans un cercle restreint, ne le dédommageaient point du jugement que le peuple au dehors continuait à élever contre lui. Il ne connaissait pas cette philosophie qui porte les gens à se satisfaire eux-mêmes de leur mérite, en méprisant l'opinion des contemporains. Il avait eu dès l'abord conscience de sa valeur, il avait tout de suite vu qu'elle devrait être un jour universellement reconnue et faire mettre son œuvre au premier rang. Mais cette reconnaissance qu'il se promettait toujours de voir venir reculait sans cesse, et chaque fois qu'elle s'évanouissait, il en éprouvait de la tristesse. Il comprenait la vie d'artiste sous la forme des succès éclatants d'un Rubens. Les honneurs, les postes officiels, les distinctions des académies, l'entrée dans les Instituts, puisque ces choses existaient et étaient acquises à d'autres, lui semblaient à lui aussi son dû. Il souffrait de ne pouvoir les obtenir, alors que les autres s'en paraient sous ses yeux.

Homme du monde, ayant le goût de la société, c'était pour lui un perpétuel agacement de voir, dans les salons, les sourires et les compliments des femmes, les hommages des hommes aller à ces artistes en renom qui le combattaient, l'expulsaient des expositions, accaparaient les honneurs, pendant que lui, traité en artiste inférieur, n'était goûté que pour les manières distinguées et l'esprit de conversation qu'on lui reconnaissait comme seule supériorité. Et puis! pendant que les autres encore arrivaient à la richesse, il continuait d'empiler les toiles dans son atelier et, s'il en vendait de temps en temps, il n'en retirait que des sommes minimes, qui lui permettaient tout juste de faire face aux dépenses de sa vie, tenue sur un pied modeste. Lorsqu'il travaillait, lorsqu'il était avec ses amis, son entrain naturel, son élasticité de tempérament le maintenaient à l'état d'homme gai, mais lorsqu'il se retrouvait dans le monde, lorsque les refus des jurys ou les injures et les railleries de la presse se reproduisaient, il en ressentait une très grande amertume. A mesure que les années s'écoulaient, il devenait cet homme qui a eu certaines ambitions qu'il sait justifiées et qu'il croyait réalisables, et qui, à mesure qu'il les voit s'évanouir, éprouve une intime déception.

Manet était un Parisien qui personnifiait, portés à toute leur puissance, les sentiments et les habitudes des Parisiens. Il représentait, avec sa sensibilité d'artiste, ses penchants d'homme du monde, son besoin de sociabilité, le Parisien par les côtés de raffinement où il se distingue, mais aussi où il arrive à un genre de vie presque artificiel. Il ne pouvait donc vivre qu'à Paris et, en outre, il ne pouvait y vivre que d'une certaine manière. A l'époque où il apparaissait, ce qu'on appelait le Boulevard, l'espace compris entre la rue Richelieu et la Chaussée-d'Antin, était depuis longtemps un lieu à part. Paris n'était point alors la ville envahie par les provinciaux et les étrangers, que les chemins de fer y versent aujourd'hui. Le Boulevard était encore libre de cohue, et, dans l'après-midi, une élite de gens, plus Parisiens que les autres, pouvait venir s'y rencontrer, s'y promener et y flâner. Il y a eu trois ou quatre générations d'hommes de raffinement fixés au Boulevard, par des liens aussi puissants que ceux qui peuvent attacher certaines plantes au sol nécessaire à leur vie. Pour ces gens-là, respirer l'air du Boulevard était un besoin et la nostalgie du Boulevard, par suite d'éloignement, devenait une maladie. Manet aura été un des derniers représentants de cette manière d'être ; il sera resté un de ceux pour qui la fréquentation du Boulevard aura été une pratique de toute la vie.

Il y avait sur le Boulevard un coin comme nul autre, une maison privilégiée, où les habitués étaient traditionnellement illustres, le café Tortoni, à l'angle de la rue Taitbout. Sa réputation remontait au premier empire, alors que Talleyrand l'avait choisi pour y dîner et s'y retrouver avec ses amis. Ensuite Alfred de Musset l'avait adopté et, quand il a montré dans Mardoche le jeune homme livré aux plaisirs de Paris, il le promène naturellement sur le Boulevard et il désigne le Boulevard en nommant Tortoni.

> Mardoche habit marron, en landau de louage,
> Pardevant Tortoni, passait en grand tapage.

Après Musset, étaient venus Rossini et Théophile Gautier. Manet, comme enfant de Paris, était entré dans cette tradition. Dès l'origine, puis alors qu'il était le plus honni et repoussé, il allait faire sa visite quotidienne au Boulevard et sa station à Tortoni. On y était hostile ou indifférent à son art. Aussi ne se trouvait-il point là comme artiste et, entre lui et les gens avec lesquels s'étaient nouées ces relations familières, qui naissent du coudoiement quotidien, il n'était question ni de son esthétique, ni de ses succès ou insuccès. Il revenait tous les jours, simplement comme Parisien, mû par le besoin de fouler le sol d'élection du vrai Parisien.

Le Boulevard, lieu de promenade tranquille, n'existe plus, il est devenu une grande rue cosmopolite. Les théâtres, les brasseries, les banques, les maisons à spectacles, attirent les foules, qui ont noyé les élégants et les raffinés. Le café Tortoni, soumis à la loi commune du changement et ne pouvant survivre à la disparition de la société dont il était le centre, s'est fermé. Il a été remplacé par une vulgaire boutique. Mais la maison subsiste, et je ne passe jamais auprès sans que Manet ne m'apparaisse. Je le revois assis devant le perron ou dans la salle en bas, ou encore déjeunant avec ses amis, au premier étage. Il reste ainsi dans le souvenir, comme un de ces anciens Parisiens sociables par-dessus tout.

L'ŒUVRE GRAVÉE

X

L'ŒUVRE GRAVÉE

L'œuvre gravée de Manet se compose principalement d'eaux-fortes et de lithographies. Les eaux-fortes s'étendent de ses débuts à sa fin. Une des premières, *Silentium*, marque son commencement ; la dernière, *Jeanne*, est de 1882. C'est entre les années 1862 et 1867 qu'il s'est surtout montré fécond comme aquafortiste. Il est alors dans cette période où il aime à faire poser des Espagnols, et un grand nombre de ses eaux-fortes est consacré à des motifs espagnols.

Il apportait dans l'eau-forte cette coutume de ne point se répéter, qui était le fondement de son art.

Il innovait sans cesse, même quand il mettait sous la forme gravée des sujets déjà peints. Plusieurs de ses eaux-fortes reproduisent de ses tableaux à l'huile, mais d'une manière très libre. On a ainsi deux eaux-fortes de l'*Olympia*, en deux dimensions. Elles laissent voir entre elles des différences et montrent également des variantes, sur le tableau original. La plus petite a été faite pour illustrer l'article d'Emile Zola de la *Revue du XIX*[e] *siècle*, réimprimé en brochure. Dans cette circonstance Manet, jaloux de soutenir l'éloge que Zola présentait de lui et de son *Olympia*, s'est appliqué à obtenir une grande précision de dessin et un rare fini des traits de la pointe.

Les planches de ses eaux-fortes ont été laissées dans des états très divers ; quelques-unes ne présentent que des esquisses ou même des indications de sujets cherchés, tandis que d'autres, comme *Lola de Valence*, l'*Enfant à l'Épée*, ont été très travaillées. L'ensemble de l'œuvre comprend des reproductions de tableaux anciens, comme les *Petits cavaliers*, l'*Infante Marguerite*, *Philippe IV* de Velasquez ; des reproductions de ses propres tableaux, comme le *Buveur d'absinthe*, le *Gamin au chien*, le *Chanteur espagnol*, *Lola de Valence*, l'*Acteur tragique*, les *Bulles de savon*, *Mlle V*** en costume d'espada*, le *Liseur* ; des compositions originales, comme *Silentium*, l'*Odalisque couchée*, la *Toilette*, la *Convalescente*; des portraits, comme ceux de Baudelaire, d'Edgar Poe, de son père.

Une de ses eaux-fortes à laquelle on est particulièrement ramené par le charme qui s'en dégage, *Lola de Valence*, montre combien, quand le sujet l'y portait, il savait user des ressources les plus subtiles de l'outil. Pendant longtemps ses œuvres gravées n'ont pourtant pas rencontré plus de faveur que ses tableaux. Elles étaient profondément dédaignées. Manet n'était, disait-on, qu'un artiste incomplet, dépourvu peut-être encore plus de science sur le terrain de la gravure que sur celui de la peinture. Mais sur les deux, il avait au contraire étudié les maîtres et savait ce qu'on peut apprendre. Il aimait, à l'occasion, à disserter sur le mérite des aquafortistes ses devanciers. Ceux qu'il goûtait le mieux, vers lesquels il s'était surtout senti porté, étaient Canal et Goya. Dans l'eau-forte comme dans la peinture, il était donc allé d'instinct vers Venise et l'Espagne.

Ce n'est pas que ses sujets espagnols du début, pas plus que ceux qui les ont suivis, aient été traités d'une manière qui rappelle les procédés, soit de Canal, soit de Goya. Il était trop foncièrement original pour avoir pu imiter les autres. Mais dans plusieurs de ses eaux-fortes, comme dans certains de ses tableaux, il a aimé, de propos délibéré, à faire apparaître la réminiscence des devanciers ses favoris. C'est ainsi que sa *Femme à la mantille* a été exécutée, ouvertement, dans la manière de Goya. L'emprunt à un étranger était d'ailleurs, dans ce cas, de circonstance, car il s'agissait d'illustrer, sous une forme appropriée, un sonnet intitulé *Fleur exotique*, inséré dans la collection des *Sonnets et Eaux-fortes*, publiée par Alphonse Lemerre en 1869, à laquelle les principaux poètes et artistes du temps avaient collaboré. L'eau-forte connue maintenant comme la *Femme à la mantille* s'est même d'abord appelée *Fleur exotique* et elle a été cataloguée sous ce titre à l'exposition posthume de Manet, à l'École des Beaux-Arts, en 1884. Dans quelques-unes de ses eaux-fortes, particulièrement dans le *Philosophe*, il a introduit des traits en zigzag, rappelant la manière de Canal, qu'il trouvait spécialement souple et charmante.

Les eaux-fortes détachées sont au nombre d'une cinquantaine. Il existe dans les collections, en France et aux États-Unis, quelques pièces ignorées et non décrites, et ce ne sera que lorsqu'on aura fait les recherches nécessaires, qu'un catalogue définitif pourra être dressé. Les différentes eaux-fortes se trouvent en tirages et en épreuves de mérite fort divers, quelques-unes ont été très peu tirées et sont très rares. Neuf pièces, tirées à cinquante exemplaires, avec frontispice spécial, — guitare et chapeau, — ont paru en album chez Cadart et Chevalier en 1874 : le *Chanteur espagnol*, les *Gitanos*, *Lola de Valence*, l'*Homme mort*, les *Petits cavaliers*, le *Gamin au chien*, la *Petite fille*, la *Toilette*, l'*Infante Marguerite*.

Les lithographies sont moins nombreuses que les eaux-fortes, on n'en compte pas plus de douze : *Lola de Valence* et la *Plainte Moresque*, comme frontispices à des œuvres musicales, le *Gamin au chien*, le *Rendez-vous de chats*, les deux *Portraits de M*[lle] *Morisot*, *Course à Longchamp*, le *Ballon*, l'*Exécution de Maximilien*, la *Guerre civile*, la *Barricade*, *Polichinelle*. A ranger à la suite des lithographies des dessins, reportés sur pierre et tirés comme lithographies : deux pièces, *Au Café*, et une pièce, *Au Paradis* (Des spectateurs au théâtre).

Il a donné à une publication spéciale, l'*Autographe*, du 2 avril 1865, une page de croquis, où se voient le Buveur d'eau, un danseur et une danseuse espagnols et la tête de Lola de Valence, et à la même publication, en 1867, trois croquis, la tête du Buveur d'absinthe, la malade et le torero mort.

La lithographie du *Rendez-vous de chats*, de grand format, a été faite en 1868, pour être collée au milieu d'une affiche annonçant le livre de Champfleury sur les chats. Avant de l'exécuter Manet avait combiné son sujet, sous la forme d'une gouache, avec la pensée d'arriver à frapper les passants. Il avait donc placé un chat noir à côté d'une chatte blanche. Tous les deux déroulent une longue queue dans l'espace; ils s'ébattent sur les toits; dans le fond, des tuyaux de cheminée correspondent au chat noir et la lune blanche et vermeille, à travers les nuages, forme une sorte de complément à la chatte blanche. Il s'était fort diverti à cette fantaisie. Il avait promis à Champfleury qu'elle attirerait les regards. Il ne l'avait pas trompé. A cette époque l'affiche illustrée à personnages, qui s'est tant répandue depuis, demeurait presque inconnue, l'affichage d'un motif dessiné était une nouveauté. Les passants s'attroupèrent donc devant ces chats. Ils les regardaient étonnés. Beaucoup se fâchaient, persuadés que Manet avait voulu se moquer d'eux. On revoyait ainsi, dans la rue, devant son affiche, le soulèvement qu'on avait vu aux Salons devant certains de ses tableaux. Cette lithographie, tirée à de nombreux exemplaires, s'est perdue sur les murailles; elle est devenue comme introuvable, au grand désespoir des collectionneurs. Une gravure sur bois, faite d'après le motif du *Rendez-vous de chats*, a été introduite dans le livre même de Champfleury, les *Chats*.

Les portraits lithographiés de Mlle Morisot, sous

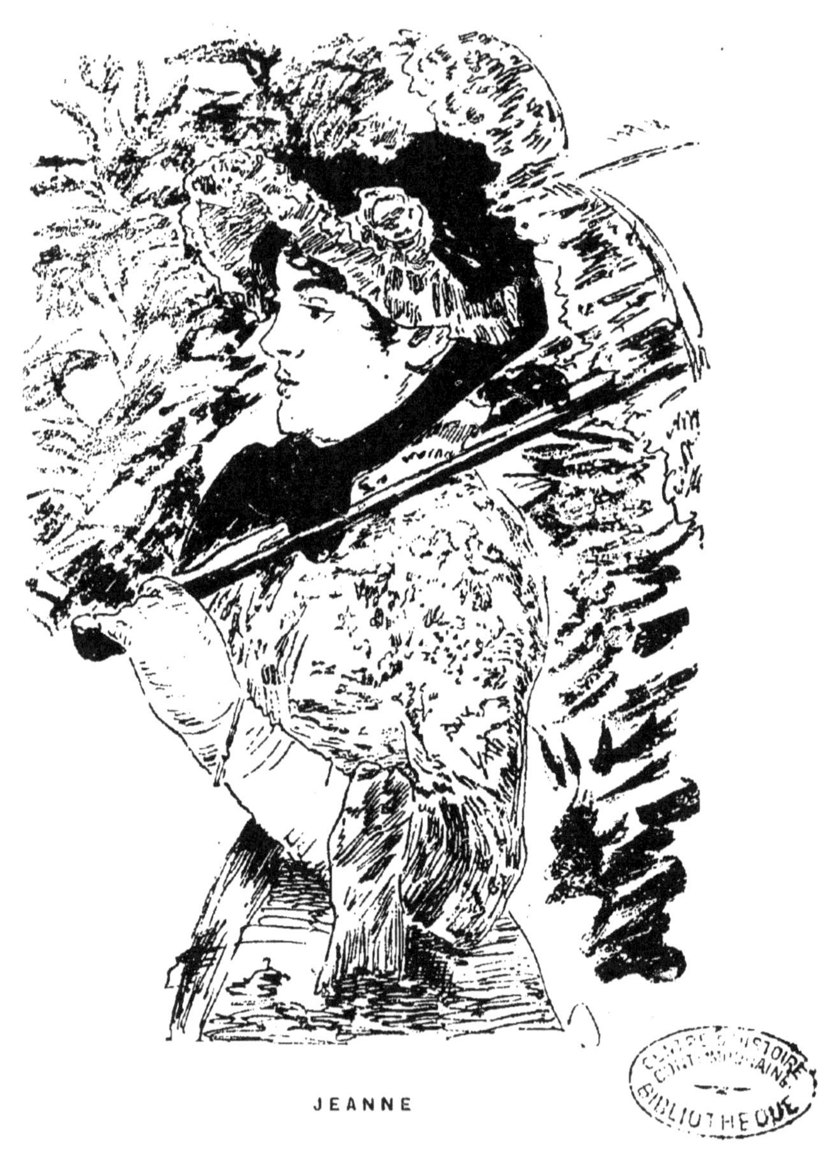

JEANNE

deux formes différentes, au trait et en plein, ont été exécutés d'après un tableau à l'huile.

La *Guerre civile* et la *Barricade* rappellent la bataille qui a eu lieu dans les rues de Paris, à la fin de mai 1871, entre les gardes nationaux fédérés et l'armée de Versailles. La *Guerre civile* donne en particulier l'image tragique d'un garde national mort, abandonné le long d'une barricade démantelée. La scène n'a point été composée. Manet l'avait réellement vue, à l'angle de la rue de l'Arcade et du boulevard Malesherbes; il en avait pris un croquis sur place.

Le *Polichinelle*, avec variantes, est d'abord apparu en aquarelle, puis dans le tableau à l'huile exposé au Salon de 1874. Il a enfin été répété sous la forme de lithographie coloriée. Théodore de Banville fit, pour cette dernière, un distique placé au bas :

> Féroce et rose, avec du feu dans sa prunelle
> Effronté, saoul, divin, c'est lui Polichinelle

Indépendamment des eaux-fortes et des lithographies à l'état de pièces séparées, Manet a produit des séries d'eaux-fortes, de lithographies et de dessins sur bois, pour illustrer divers ouvrages.

Il a ainsi illustré d'eaux-fortes le *Fleuve*, poésie de Charles Cros, en 1874. Une libellule comme frontispice, un oiseau volant, en cul-de-lampe, et six légères compositions, qui représentent les divers aspects de la nature que voit le fleuve dans son cours, depuis la montagne où il naît, jusqu'à la mer où il se perd.

Il a illustré de six dessins reportés sur pierre et tirés comme lithographies le *Corbeau* d'Edgar Poe, traduit par Stéphane Mallarmé, chez Lesclide, 1875. Le premier dessin, en frontispice, est une tête de corbeau, le dernier un *ex libris*, un corbeau volant. Les quatre autres illustrent le texte. Ils sont d'une grande puissance et atteignent au fantastique, où s'est élevé le poète lui-même. De pareilles compositions étaient trop hardies pour plaire tout d'abord. Les acheteurs furent si peu nombreux que l'éditeur s'abstint pour longtemps, après l'avoir annoncée, de publier une nouvelle œuvre d'Edgar Poe, la *Cité en la Mer*, que Mallarmé et Manet avaient également traduite et illustrée de concert.

Il a dessiné quatre petits bois pour l'illustration d'un tirage spécial de l'*Après-midi d'un Faune*, de Stéphane Mallarmé, en 1876.

Ces nymphes je les veux perpétuer.

Il les a perpétuées, s'ébattant légères au milieu des roseaux, et le Faune les guette de loin. Ces quatre compositions sont d'un imprévu et d'une technique qui les distinguent de cette gravure sur bois généralement si banale au milieu de nous.

En outre des bois exécutés comme illustrations de l'*Après-midi d'un Faune*, Manet a encore dessiné sur bois, pour la gravure : Une *Olympia*, montrant des variantes d'avec le tableau à l'huile, les eaux-fortes et l'aquarelle. Le *Chemin de fer*, reproduction de son tableau du Salon de 1874. *La Parisienne*, en trois variantes, pour le *Monde nouveau*, en 1874, dont deux, tirées comme épreuves, sont restées inédites.

Il a donné au journal illustré la *Vie moderne* des croquis et dessins, reproduits dans les numéros des 10 et 17 avril et 8 mai 1880.

Il a dessiné un portrait de Courbet, pour figurer, reproduit par le procédé du gillotage, en tête de l'étude de M. d'Ideville sur Courbet, publiée en 1878. Courbet était mort à cette époque. Ce portrait si plein de vie n'a cependant été fait que de souvenir, à l'aide d'une photographie. Mais il a fait poser Claude Monet pour le portrait de lui reproduit également par le gillotage, dans le journal illustré la *Vie moderne* du 12 juin 1880, et mis en tête du catalogue de l'exposition des œuvres de Claude Monet, faite en juin 1880, à la *Vie moderne*, sur le boulevard des Italiens.

Cette exposition avait été organisée par Georges

Charpentier, l'éditeur, à qui appartenait le journal. Il avait pensé qu'elle servirait utilement Claude Monet et l'art impressionniste, mais on ne change pas tout à coup le goût du public et Monet était en 1880 si généralement méprisé, que l'exposition de ses œuvres tenue dans un rez-de-chaussée, ouvert sur le boulevard, où l'on entrait gratuitement, ne fut guère qu'un passage de gens venant rire et se moquer. Charpentier avait fait imprimer un catalogue avec une notice sur Monet, qu'il m'avait demandée, et, en tête, comme attrait spécial, se trouvait le portrait de Monet par Manet. Il s'était imaginé que cette plaquette illustrée se recommanderait au public. Il en avait fixé le prix à cinquante centimes, mais les visiteurs se succédaient, sans que pas un voulût dépenser une somme aussi énorme pour un tel objet. Il en réduisit le prix à dix centimes. Le catalogue eut après cela quelques acheteurs. On l'avait tiré à un grand nombre d'exemplaires et, deux ou trois jours avant la fermeture de l'exposition, il en restait encore beaucoup. Charpentier décida qu'on les donnerait. En effet gardien, d'un air engageant, en faisait l'offre aux visiteurs. Quelques-uns, les plus sages, prenaient le catalogue, c'était après tout du papier qui ne coûtait rien, mais la plupart le refusaient en riant. Ils se jugeaient ainsi fort malins. Cette exposition d'art impressionniste leur faisait l'effet d'une farce et l'offre du catalogue n'en était, à leurs yeux, que le couronnement. Ils croyaient donc prouver toute leur supériorité (à farceur, farceur et demi) en refusant l'offre et en montrant ainsi qu'ils n'étaient point dupes de la plaisanterie. Quand l'exposition se ferma, il restait un gros paquet de catalogues, qu'on n'avait réussi à faire prendre au public ni pour argent ni par amour.

Cependant en 1899 il m'est tombé sous la main le catalogue d'un libraire, vendant des plaquettes curieuses, et j'y vis figurer celle de l'exposition de la *Vie moderne*, marquée comme chose rare et cotée un franc. Un franc! en 1899, le catalogue d'art impressionniste dont on n'avait pas voulu pour rien en 1880. Quelle révolution cela indiquait comme accomplie dans le goût du public!

LES DESSINS ET LES PASTELS

XI

LES DESSINS ET LES PASTELS

Les dessins de Manet confirmeraient, s'il en était besoin, le fait que ses tableaux de jeunesse nous avaient déjà appris, qu'il avait sérieusement étudié les vieux maîtres à ses débuts et au cours de ses voyages. M. Auguste Pellerin, dans sa collection si riche et si variée d'œuvres de Manet, possède ses dessins du voyage d'Italie. Ils sont nombreux et montrent, ce à quoi on ne se serait peut-être pas attendu, qu'il ne s'était pas borné à étudier ces maîtres vers lesquels il se sentait plus particulièrement porté, mais qu'il avait aussi pris une réelle connaissance des autres. Beaucoup de ses croquis s'appliquent à des sujets de l'école romaine et un dessin, parmi les plus importants, reproduit une des figures principales de l'*Incendie du Borgo*, par Raphaël, dans les chambres du Vatican.

Les dessins, chez Manet, demeurent généralement à l'état d'esquisses ou de croquis. Ils ont été faits pour saisir un aspect fugitif, un mouvement, un trait ou détail saillant. Dans cet ordre de travail, on peut dire qu'il était toujours prêt. De tout temps, il a eu près de lui, à l'atelier, des feuillets assemblés pour dessiner et, dans sa poche, un calepin avec un crayon. Le moindre objet ou détail d'un objet, qui intéressait ses regards, était immédiatement fixé sur le papier. Ces croquis, ces légers dessins qu'on peut appeler des instantanés, montrent avec quelle sûreté il saisissait le trait caractéristique, le mouvement décisif à dégager. Je ne trouve à lui comparer, dans cet ordre, qu'Hokousaï qui, dans les dessins de premier jet de sa *Mangoua*, a su associer la simplification à un parfait déterminisme du caractère. Aussi Manet admirait-il beaucoup ce qu'il avait pu voir d'Hokousaï, et les volumes de la *Mangoua* qui lui étaient tombés sous la main étaient de sa part l'objet de louanges sans restriction. Le dessin avait été en effet compris par Manet, de même que par Hokousaï avant lui, comme surtout destiné à fixer l'aspect saillant d'un être ou d'un objet, sans complications et accessoires. Dans ces conditions, la sûreté de main doit correspondre à la justesse de vision et le mérite de l'œuvre légère réside dans sa vérité. Le croquis tenu à sa forme sommaire, improvisée, doit cependant rendre ce qu'il rend d'une manière assez saisissable pour offrir une œuvre vivante et intéressante dans sa fragilité. Or, les croquis de Manet font bien réellement voir comme réalisé ce qu'ils ont été appelés à représenter. M. de Saint-Albin a fourni le sujet de l'un d'eux. Le petit personnage a juste quelques centimètres ; il a été crayonné d'un trait si rapide, que le contour en silhouette existe seul, sans les détails du visage ou des vêtements. Mais que cet être minuscule est donc ressemblant ! On aurait pu multiplier les séances sur un portail de grandeur naturelle, sans dépasser le résultat obtenu ici du premier coup. M. de Saint-Albin était un homme aimable, un collectionneur, un original, qu'on voyait apparaître sur le Boulevard à une certaine heure de l'après-midi. Il personnifiait vers 1870 ce Parisien légendaire, que l'on disait n'avoir jamais pu quitter Paris. Manet l'a croqué regardant une estampe, avec son chapeau à larges bords, sa grosse cravate, son lorgnon, sa démarche spéciale et, sur le papier, il se trouve aussi saisissable, dans ses particularités, qu'il a jamais pu l'être rencontré sur le Boulevard.

Il en est un autre que Manet a aussi pris sur le vif, le maréchal Bazaine. Un jour, au cours du procès Bazaine, nous nous rendîmes, Manet et moi, avec un groupe d'amis, à Trianon. C'était la première fois que nous y allions et je me rappelle que longtemps, nous contemplâmes, en silence, la scène imposante présentée par le conseil de guerre. A la fin, Manet avait fixé les yeux sur l'accusé. Tout à coup, tirant de sa poche le petit calepin qui ne le quittait jamais, il se mit à crayonner. Il décrivait un trait en rond, qui représentait la tête, et ajoutait deux ou trois points, pour la bouche et les yeux. Il avait ainsi dessiné plusieurs croquis, lorsque se tournant de droite et de gauche, il nous les montra, en disant : « Mais regardez donc cette boule de billard ! » L'expression était absolument juste, car en examinant les croquis et en les comparant avec la tête de l'original placée devant soi, on constatait que la ressemblance était frappante. Un de ces croquis subsiste. Il a fait partie de la vente de Manet, en 1884. C'est un document historique.

Il donne le vrai Bazaine, le Bazaine réel, en opposition aux deux ou trois autres, qu'à des moments différents, l'imagination a créés. Il y a eu d'abord le « glorieux » Bazaine, le général cru supérieur, en qui la France avait mis follement son espoir. Puis, après la capitulation, est venu le grand traître, le monstre qui ayant pu vaincre, ne l'a pas voulu. L'un est né de l'espérance, l'autre du désespoir. Le vrai était celui que Manet avait saisi et mis au point, l'être de petite intelligence, au regard fuyant, n'ayant d'autre qualité que la bravoure, incapable de diriger avec succès une grande armée, qui, lorsqu'il s'est senti perdu dans Metz, s'est laissé entraîner à des actes de félonie, pour lesquels il a été justement flétri et condamné. Tout cela est dans le petit croquis fait à Trianon, se lit sur la tête en « boule de billard ».

Manet a eu de tout temps l'habitude de se servir rapidement du crayon ; on peut dire que son système de dessin n'a jamais varié. Mais à une pratique fondamentale, sont venus se superposer des procédés, qui ont changé avec les années. A ses débuts, il employait volontiers l'aquarelle dans des études préliminaires, pour fixer les tons ou l'arrangement de ses tableaux, ou même il reproduisait par ce moyen, sous une nouvelle forme, ses œuvres déjà peintes à l'huile. Il a ainsi laissé un certain nombre d'aquarelles, consacrées au *Chanteur espagnol*, au *Déjeuner sur l'Herbe*, à l'*Olympia*, au *Christ aux Anges*, à la *Jeune femme couchée en costume espagnol*, aux *Courses*, etc. Il s'est aussi souvent servi de l'aquarelle pour prendre des vues en plein air ou s'assurer des indications de paysage. Mais en avançant, il ne recourt plus qu'accessoirement à ce moyen, pour user d'un nouveau, le pastel.

Son premier pastel date de 1874. C'est un portrait de sa femme, étendue sur un canapé, exécuté dans une gamme de tons bleus-gris. A partir de ce moment, il continue à se servir du pastel, surtout pour les portraits de femme. Les productions de ce genre ont été particulièrement nombreuses à la fin de sa vie, alors qu'il avait été atteint par l'ataxie. Les œuvres demandant une grande dépense de force physique lui étaient devenues d'abord difficiles, puis lui furent à la fin interdites, et le pastel lui permettait de se livrer à un travail relativement facile, qui le distrayait, en lui obtenant la société des femmes agréables qui venaient poser. Il a ainsi exécuté, dans les dernières années de sa vie, les portraits de femmes appartenant à des mondes divers : Mme Zola, Mme du Paty, Mme Guillemet, Mlle Lemaire, Mlle Lemonnier, Mlle Eva Gonzalès, Mme Méry Laurent, Mme Martin, Mlle Marie Colombier, etc. Quelques-uns des portraits les plus caractéristiques sont restés anonymes ou n'ont été désignés que par des titres fantaisistes : la *Femme au carlin*, la *Femme voilée*, la *Femme à la fourrure*, la *Viennoise*, *Sur le banc*.

Il avait fini par prendre grand goût au pastel. Il y trouvait à la fois le moyen de fixer la lumière, de juxtaposer les tons vifs et de rendre des types variés. Aussi ses portraits au pastel offrent-ils un ensemble où l'on peut voir la femme, telle qu'elle s'est présentée dans la seconde moitié du XIXe siècle et, en addition, les combinaisons de coloris les plus délicates ou les plus osées.

Il n'en a guère retiré avantage au point de vue pécuniaire. Il n'en a vendu que très peu, à des prix fort minimes. La plupart étaient faits pour des personnes amies, auxquelles il était heureux de plaire en les leur offrant. Il exposa cependant au journal la *Vie Moderne*, en avril 1880, une série d'œuvres où les pastels tenaient la place principale, et le plus grand nombre était à vendre. On lui en acheta tout juste deux.

En outre de ses portraits de femmes, il a aussi fait au pastel des portraits d'hommes, dont plusieurs sont des têtes à caractère. On a ainsi de lui Constantin Guys, cet artiste qui fut le dessinateur de l'*Illustrated London news* lors de la guerre de Crimée, qui a produit des dessins et des aquarelles, où il passe des femmes élégantes et aristocratiques montrées dans de somptueux équipages, aux courtisanes présentées sous les formes les plus réalistes. Cabaner, le musicien incompris, en gestation perpétuelle d'œuvres extraordinaires, qui se dédommageait de sa déconvenue en faisant des mots singuliers, reproduits par les petits journaux. Enfin le poète George Moore. Ce dernier, au moment où Manet l'a fait poser, était à cette période de la jeunesse où on se cherche une voie. Anglo-Irlandais il était venu à Paris pour étudier la peinture et, en même temps qu'il fréquentait les ateliers, il s'adonnait à la poésie. Il composait des vers même en français. Il était alors plongé dans une sorte de raffinement esthétique et de sentimentalisme quintessencié, qui lui donnait passablement l'air d'un homme absent. C'est ce trait de physionomie que Manet a saisi pour le fixer, en l'accentuant même, selon son habitude, et c'est ce qui a donné à son George Moore l'aspect si caractéristique, qui le distingue. Depuis l'original a délaissé le sentimentalisme et la nébulosité. Il est entré dans une voie opposée, en étudiant la vie réelle, il s'est fait sa place comme romancier de mœurs. Sa figure s'est modifiée naturellement, en même temps que changeaient son mode d'esprit et la tournure de ses pensées. Mais le portrait demeure comme le témoin de la sûreté d'observation avec laquelle son auteur savait saisir même ces traits de caractère, qui pouvaient n'être, en partie, que transitoires.

LES DERNIÈRES ANNÉES

XII

LES DERNIÈRES ANNÉES

Manet, après avoir quitté son atelier de la rue de Saint-Pétersbourg, en avait pris un, en 1879, au numéro 77 de la rue d'Amsterdam, où il devait rester jusqu'à sa mort.

En 1880, il envoie au Salon *Chez le Père Lathuille*, un plein air, et le *Portrait de M. Antonin Proust*, exécuté dans l'atelier. Le premier de ces tableaux avait été peint dans le jardin du Père Lathuille, un des restaurants les plus vieux et les plus connus de Paris, situé à l'entrée de l'avenue de Clichy. Avant que les limites de la ville de Paris n'eussent été portées aux fortifications, il avait été une ces maisons, hors barrières, que les Parisiens fréquentaient le dimanche et où ils aimaient à célébrer noces et festins. Horace Vernet, en 1820, l'avait donné comme fond à son tableau de bataille, le *Maréchal Moncey à la barrière de Clichy en 1814*. La lithographie, en popularisant le tableau, avait en même temps recommandé le restaurant aux patriotes, alors épris d'Horace Vernet et de ses œuvres. Manet, qui habitait dans le voisinage, rue de Saint-Pétersbourg, allait y déjeuner ou dîner de temps en temps. Il avait eu l'idée d'utiliser le jardin, lieu tranquille, pour y peindre une scène de plein air : un tout jeune homme y ferait la cour à une femme. En bon observateur, il avait conçu sa scène, telle que la vie l'offre généralement, où les tout jeunes gens s'éprennent de femmes plus âgées qu'eux. Le tableau représente les amoureux assis à une table, où ils achèvent de déjeuner. Le jouvenceau montre la plénitude de sa passion et laisse deviner des demandes pressantes, tandis que la femme, une personne dans les trente ans, fait la mijaurée devant lui et se tient sur la réserve, pour le mieux captiver.

On ne pouvait reprocher à Manet, devant cette scène, comme on l'avait fait devant d'autres, de peindre des gens dans des attitudes « incompréhensibles », ne se livrant à aucune action déterminée. Les amoureux du Père Lathuille jouaient si bien leur rôle, qu'on les comprenait à première vue. Manet, qui peignait la vie en la serrant toujours de près, pouvait trouver des motifs diversifiés à l'infini, parce que la vie est ainsi diversifiée. Aux scènes où les personnages simplement juxtaposés étaient tenus inactifs, telles que les yeux en rencontrent partout, il savait en faire succéder d'autres, où ils s'appliquaient à des actions caractéristiques. Il avait, du reste, dans le cas actuel, obtenu son effet par des moyens décisifs quoique très simples. Le jeune homme, dans sa franchise, vu de face, montre par l'animation de ses traits la passion qui le possède, tandis que se dissimulant presque et ne se présentant que d'un profil effacé, la femme révèle d'autant mieux sa pruderie affectée et sa réserve hypocrite.

Chez le Père Lathuille est peut-être de tous les tableaux de Manet celui qui laisse le mieux voir les particularités de la peinture en plein air. L'ensemble est tout entier maintenu dans la lumière. Les plans sont établis et les contours obtenus sans oppositions et sans contraste. Les parties qu'on voudrait dire dans l'ombre sont élevées à une telle intensité de clarté et de coloration, qu'elles ne se différencient presque pas de celles que la lumière frappe directement.

L'autre tableau, le *Portrait de M. Antonin Proust*,

avait été peint dans l'atelier et dans les tons sobres. L'original debout, de grandeur naturelle, arrêté aux genoux, est vêtu d'une redingote et coiffé d'un chapeau à haute forme, une main appuyée sur une canne, l'autre posée sur la hanche. C'est un morceau très ferme. La redingote boutonnée serre bien le personnage, on sent réellement l'existence du corps. Manet, lié d'amitié depuis le collège avec son modèle, l'avait peint de manière à révéler tout son caractère. En lui donnant la gravité de l'âge et de l'homme politique, il lui avait laissé la désinvolture et l'aisance de l'homme du monde et même encore avait su indiquer en lui l'élégant cavalier et le conquérant des débuts et de la jeunesse.

En 1881, Manet envoya au Salon le *Portrait de M. Pertuiset, le chasseur de lions*, peint en plein air, et le *Portrait de M. Henri Rochefort*, peint dans l'atelier.

Il avait choisi Pertuiset pour lui servir de modèle dans un plein air d'ordre particulier. Les Impressionnistes, avec leur système de travailler tout le temps devant la nature, étaient arrivés à en saisir les multiples aspects et à fixer ainsi sur la toile des effets inattendus. Ils avaient, par exemple, reconnu que l'hiver, au soleil, les ombres portées sur la neige peuvent être bleues et ils avaient peint de telles ombres bleues. Ils avaient encore découvert que, l'été, la lumière sous les arbres colore les terrains de tons violets et ils avaient peint des terrains sous bois violets. Renoir avait en particulier peint un bal à Montmartre, sous le titre de *Moulin de la galette*, et une *Balançoire*, où des personnages sont placés sous des arbres éclairés par le soleil. Il avait fait tomber sur eux des plaques de lumière à travers le feuillage, en colorant toute sa toile d'un ton général violet. Les tableaux peints en 1876 avaient été montrés en 1877, à l'exposition des Impressionnistes, rue Le Peletier.

Cette nouveauté d'ombres bleues et violettes avait excité une indignation générale. Personne ne s'était sérieusement demandé si, lorsqu'il fait soleil, les ombres sur la neige et sous le feuillage pouvaient apparaître réellement colorées, telles que les Impressionnistes les représentaient. Il suffisait que les effets montrés n'eussent pas encore été vus, pour que l'esprit de routine amenât les spectateurs à se soulever violemment. Mais Manet, pour qui les Impressioniststes restaient de vieux amis, qui s'intéressait à toutes leurs tentatives, avait été frappé par leur manière hardie de peindre les ombres en plein air colorées. Il était allé regarder en particulier les reflets que le soleil donne sous le feuillage et, ayant trouvé qu'en effet les ombres prennent alors des tons où le violet prédomine, l'envie lui vint d'exécuter lui-même un tableau dans ces données.

Il fit poser Pertuiset en l'été de 1880, sous les arbres de l'Elysée des Beaux-Arts, boulevard de Clichy. La lumière tamisée donne bien en effet une ombre violette générale, qui recouvre le terrain et enveloppe le modèle. Pertuiset était un chasseur émérite. Il avait été l'ami de Jules Gérard, célèbre sous le second empire, comme le Tueur de lions, et avait en partie hérité de sa renommée, pour avoir tué lui-même plusieurs lions. Manet a eu l'idée de le placer un genou en terre, comme à l'affût, la carabine à la main. C'est là une pose de pure fantaisie, qui lui a été suggérée par la qualité de chasseur du modèle, mais il ne faudrait pas en inférer qu'il ait voulu représenter une chasse au lion. S'il eût eu pareille intention, d'après son système de ne peindre que des scènes vues, il eût dû se transporter en Algérie, dans une région fréquentée par des lions, et y placer son modèle, ce qui n'était vraiment pas le cas, puisqu'il se contentait de le mettre au milieu d'un jardin parisien.

A la fantaisie de montrer la pose d'un chasseur à l'affût, Manet avait ajouté celle de peindre au second plan une peau de lion, pour obtenir un ton tranchant sur l'uniformité du terrain. On a cru qu'il avait voulu figurer ainsi un lion, que Pertuiset eût été censé avoir tué sur le lieu même. Il n'en était rien. Son intention n'avait point été de représenter une vraie carcasse de lion. Il avait simplement peint la peau d'un lion, que Pertuiset avait tué près de Bône et qu'il conservait dans son appartement, étendue sur le parquet. Mais le tableau au Salon, avec son ton général violet, son chasseur à l'affût et la peau de lion par derrière, excita la bonne mesure de railleries qui attendait généralement les œuvres de Manet. Comme d'habitude on n'eut point d'yeux pour le mérite intrinsèque de la peinture, on ne vit que l'originalité et la fantaisie auxquelles l'artiste s'était laissé aller, et qui cette fois encore dépassaient la compréhension du public.

Manet avait demandé à Henri Rochefort de le peindre, attiré par le caractère de sa physionomie. Le portrait de Rochefort est un buste, avec la tête de profil, un peu retournée, et les bras croisés. C'est un morceau puissant, de nature à plaire à un connaisseur. Manet qui ne l'avait exécuté que mû par un sentiment artistique, sans penser à en tirer profit, l'offrit à l'original, et il eût été heureux de le lui voir accepter. Mais Rochefort, qui n'a jamais aimé que la peinture sèche et léchée, le trouvait déplaisant. Il n'en voulut pas et le refusa. Quelque temps après, Manet le comprit dans un lot de toiles vendu à M. Faure.

Les tableaux exposés en 1881 n'avaient pas eu

en somme plus de succès que ceux des précédents Salons. Cependant ils étaient cause d'une chose extraordinaire, ils procuraient à leur auteur une récompense officielle, ils lui obtenaient une médaille du jury. Cet octroi d'une médaille, faveur banale en elle-même, puisque chaque année elle se répétait au profit de peintres quelconques, devenait cependant, dans la circonstance, un notable événement. Manet tant de fois repoussé des Salons, écarté soigneusement des Expositions universelles et, par là, désigné à l'animadversion des artistes, comme un homme de pernicieux exemple, recevait tout à coup une récompense; mais le fait en lui-même montrait un tel renversement de conduite et d'opinion, qu'on sentait tout de suite qu'un changement profond avait dû s'accomplir quelque part. Il en était bien réellement ainsi et cette simple médaille marquait que les aspirations nouvelles, longtemps comprimées, venaient enfin de prévaloir et de se manifester avec éclat.

Pour se rendre compte de l'évolution qui se produisait, il faut connaître le régime auquel le Salon était traditionnellement soumis et les règles données à la composition des jurys. Le Salon, comme ancienne institution, remontant jusqu'au XVIIe siècle, avait acquis un prestige très grand. Depuis, une société dissidente des Beaux-Arts s'est formée, l'habitude d'expositions particulières s'est généralisée, qui lui ont enlevé une partie de son importance, mais du temps de Manet, il jouissait toujours, avec son monopole, de la pleine faveur. Avoir la faculté de s'y produire devenait pour un artiste une question vitale. Là seulement il pouvait se promettre d'attirer d'abord l'attention, puis, s'il était parmi les heureux, d'obtenir la renommée, la gloire et enfin, par elles, la richesse et les honneurs. Or, d'après l'organisation en vigueur, le jury était le maître du Salon. Il décidait, avant l'ouverture, quels seraient les admis et les refusés, puis après, il décernait les récompenses, et elles étaient ainsi combinées, qu'elles établissaient comme des grades et fixaient le rang des artistes. En premier lieu, par l'octroi de mentions honorables et de médailles, on tirait les sujets choisis de la plèbe artistique et du milieu des débutants, pour les signaler à l'attention; puis les médailles élevaient à un certain moment leurs possesseurs à la position de Hors concours, c'est-à-dire que leurs œuvres, soustraites à l'examen du jury, étaient désormais admises sans refus possible au Salon. Dans ces conditions les Hors concours formaient comme une compagnie de privilégiés, avec des droits supérieurs à ceux des autres artistes. En outre, les médaillés et surtout les Hors concours étaient gratifiés de décorations par le gouvernement.

Or les médailles et les croix de la Légion d'honneur entraînaient une telle présomption de talent, que les peintres qui les obtenaient acquéraient la faveur de la clientèle riche, pour vendre leurs tableaux, et le monopole des commandes officielles. De telle sorte qu'entre les gens favorisés par les jurys et les autres, il y avait la différence de condition existant entre les hommes qui se voient ouvrir les chemins de la fortune et ceux qui se les voient barrés et obstrués.

Si les jurys se fussent montrés impartiaux, enclins à aider les hommes d'initiative, l'immense pouvoir qu'ils possédaient eût pu passer sans soulever de protestations et exciter la haine, mais ils étaient loin d'exercer leurs droits dans un esprit de tolérance et d'impartialité. Ils se conduisaient au contraire en maîtres injustes, jaloux d'imposer une certaine esthétique, aux dépens de toute autre, et de maintenir la tradition avec rigueur. Sous la monarchie de Juillet, le jury avait été réglementairement formé par les membres de l'Institut, c'est-à-dire tout entier composé de peintres de la tradition, parvenus aux honneurs, pleins de leur importance, qui regardaient dédaigneusement ces nouveaux venus prétendant s'écarter des voies battues et méconnaître leurs règles. Dans ces conditions les artistes, pendant la première moitié du siècle, se sont trouvés former deux peuples : d'un côté les peintres de la tradition,

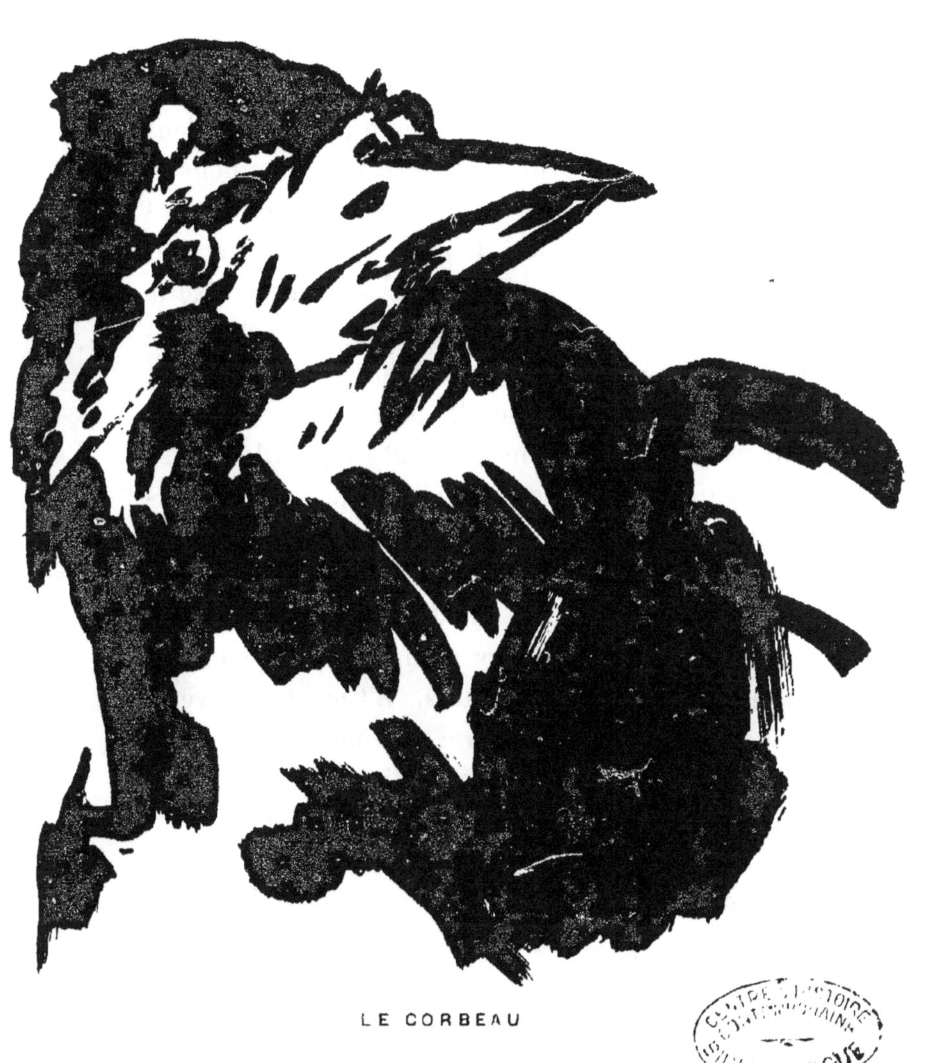

LE CORBEAU

imbus des bons principes, admis à plaisir aux Salons, y recevant médailles, décorations, puis monopolisant les commandes officielles, et de l'autre côté les novateurs, les indépendants, traités en révoltés, qui voient se fermer les Salons ou qui, si on les leur ouvre, ne reçoivent ni honneurs ni récompenses.

Sous la monarchie de Juillet, les Salons s'étaient donc fermés à tous les artistes originaux successivement : Rousseau, Decamps, Courbet. Cette partialité pour l'école traditionnelle, cette détermination de méconnaître toute manifestation d'art nouvelle, avaient amassé de telles haines qu'à la révolution de 1848 l'Institut fut dépouillé de sa vieille prérogative, et cette année-là vit un Salon sans jury, où tous les tableaux présentés furent admis indistinctement. L'absence totale de contrôle parut cependant excessive et, en 1849 et en 1850, les Salons connurent des jurys nommés par le suffrage de tous les artistes exposants. L'Empire survenu jugea ce système trop libéral. Un nouveau régime fut inauguré qui, avec des modifications de détail, devait durer tout le temps de l'Empire et après cela se perpétuer sous la troisième République. Les jurys furent composés, pour la plus grande part, d'artistes élus par les exposants, mais par les seuls exposants médaillés ou hors concours, et, pour l'autre part, de membres désignés par l'administration des Beaux-

Arts. C'est à de tels jurys que Manet devait d'être refusé aux Salons et exclu des Expositions universelles.

Les jurys nommés pour une part par les artistes récompensés, et pour l'autre par l'administration, avaient fini par soulever le même reproche qu'avait autrefois fait naître le jury de l'Institut. Sous une forme moins violente, ils se montraient au fond pénétrés du même esprit de partialité pour l'école de la tradition. Ils continuaient à ouvrir de préférence les portes du Salon à ces élèves qui répétaient leur manière. L'addition, aux membres du jury nommés par les artistes médaillés ou hors concours, de ces membres choisis par l'administration, n'apportait aucun élément d'indépendance d'esprit et de sympathie pour les novateurs, car l'administration des Beaux-Arts a presque toujours été un centre de routine et d'absolue médiocrité de jugement artistique. Les artistes indépendants, les novateurs, les hommes à l'écart des ateliers en vogue, d'ailleurs de plus en plus nombreux et soutenus au dehors par une élite grossissante de connaisseurs et de critiques, se voyaient donc toujours sacrifiés aux Salons. A la fin, il s'était formé un esprit de révolte contre la composition du jury, contre sa manière partiale de distribuer les récompenses, et enfin contre le système même de hiérarchie établi par les récompenses entre les artistes. L'hostilité contre le jury et la pratique des récompenses abaissait graduellement le prestige des Salons. Il devait plus tard en résulter une scission parmi les artistes, amenant la création d'une Société dissidente des Beaux-Arts, qui abolirait dans son sein toute récompense, et par la coutume, chez un grand nombre d'autres artistes, de se tenir à l'écart des Salons, pour se contenter de paraître dans des expositions particulières. Mais avant que le soulèvement des indépendants n'eût produit ces extrêmes résultats, il avait été assez puissant pour amener la transformation du Salon.

Le Salon, depuis sa création par Colbert sous Louis XIV, était resté une institution d'État, placée sous le contrôle du gouvernement et en recevant sa loi. En 1881, l'État fit abandon de ses droits traditionnels. Les artistes réunis constituèrent légalement une société, qui hérita sur les Salons de l'autorité à laquelle l'État renonçait. La première conséquence du changement devait être d'éliminer des jurys cette part de membres nommée par l'administration des Beaux-Arts, qui s'y était trouvée si longtemps. Mais le mécontentement soulevé par la conduite des jurys, nommés en partie par l'administration et en partie par les artistes privilégiés, était devenu tel qu'en 1881 les artistes, qui allaient être délivrés des membres du jury nommés par l'administration, voulurent aussi se délivrer des autres, élus par le suffrage restreint des privilégiés. Le nouveau règlement, inauguré en 1881 par la Société des artistes français se constituant, porta que le jury des Salons serait entièrement formé de membres nommés par le suffrage de tous les exposants sans distinction. Les artistes en société reprenaient donc le système libéral d'élection du jury, appliqué par la seconde République aux Salons de 1849 et de 1850.

Le jury du Salon de 1881, élu par le suffrage de tous les exposants, se trouva tout autre que les précédents. Les indépendants, les jeunes, qui, avec l'ancien système, n'avaient pu se faire élire qu'exceptionnellement, s'y voyaient maintenant en nombre et le jury, au lieu d'appartenir sans conteste, comme les précédents, aux partisans de la tradition, fut divisé en deux partis de force à peu près égale.

Les indépendants, les jeunes, voulurent tout de suite se compter, faire essai de leur force, marquer par une action d'éclat leur rupture d'avec les anciens errements, et pour cela, l'acte le plus significatif qu'ils pussent faire était de comprendre Manet parmi les récompensés. Ils résolurent donc de lui donner une seconde médaille. Ils crurent prudent de ne pas aller jusqu'à une première médaille, ce qui eût accru l'opposition à prévoir sans avantage décisif; car Manet ayant déjà été récompensé une première fois en 1861, par une mention honorable, une deuxième récompense, qu'elle fût sous la forme d'une seconde ou d'une première médaille, avait le même résultat de le placer parmi les Hors concours, c'est-à-dire parmi ces privilégiés qui voyaient leurs œuvres admises de droit aux Salons, sans subir l'examen des jurys. Or, pour ceux qui voulaient faire une manifestation sur le nom de Manet, le grand point était précisément de le sortir de l'état de paria, où on l'avait tenu si longtemps, en le laissant sous le coup de la menace perpétuelle d'exclusion du Salon, pour l'élever à la position privilégiée de Hors concours. Ce résultat obtenu, la question de savoir sous quelle forme il l'avait été devenait secondaire.

La coutume pour le jury était de passer d'abord à travers les salles et, là, de faire un premier choix devant les tableaux mêmes, des peintres, parmi lesquels on prendrait ensuite ceux qui, au vote définitif, recevraient des récompenses. Lorsque le jury fut parvenu devant le *Portrait de Pertuiset*, une discussion violente s'engagea, entre ces membres qui voulaient le comprendre parmi les tableaux capables d'obtenir une médaille à leur auteur, et les autres déterminés à l'exclure. Au cours de la discussion Cabanel, le président du jury, qui appartenait au parti de la tradition, d'ailleurs homme de bonne foi et d'idées libérales, se laissa aller à dire : « Messieurs, il n'y en a peut-être pas quatre ici, parmi nous, qui pourraient peindre une tête comme celle-là. » Il montrait ainsi son bon jugement, car Manet s'était appliqué sur la tête de Pertuiset, pour la bien mettre dans l'air et la faire entrer dans le chapeau qui la coiffait. A la désignation préliminaire, la majorité des voix n'était pas requise, il ne fallait obtenir que le tiers à peu près, et le *Portrait de Pertuiset* recueillit plus que le nombre de suffrages voulus pour être accepté. Lorsque le moment du choix définitif arriva, pour lequel il fallait alors la majorité absolue des voix, les partisans de Manet s'étant comptés ne parvenaient pas à l'emporter sur l'autre parti, dont l'opposition persistait acharnée; il leur manquait une ou deux voix. Ce fut Gervex, au dernier moment, qui obtint le déplacement indispensable, en décidant Vollon et de Neuville, qui s'y étaient jusque-là refusés, à donner leur vote. Cabanel malgré sa louange relative, demeuré avec ses amis les peintres de la tradition, avait voté contre.

L'octroi à Manet d'une médaille fit grand bruit, et amena au dehors, parmi les artistes, une division analogue à celle dont il avait été cause au jury du Salon. Les indépendants, les jeunes gens d'esprit émancipé, témoignèrent de leur approbation, tandis que les hommes restés fidèles aux traditions, les élèves soumis aux maîtres dans les ateliers, s'indignèrent. Parmi ces derniers, on rédigea une protestation violente où, après avoir cité les noms des membres du jury favorables à Manet, on invitait les artistes à se souvenir d'eux, pour ne plus jamais les renommer. Les membres qui avaient voté la médaille étaient au nombre de dix-sept : Bin, Cazin, Carolus-Duran, Duez, Feyen-Perrin, Gervex, Guillaumet, Guillemet, Henner, Lalanne, Lansyer, Lavieille, Em. Lévy, de Neuville, Roll, Vollon, Vuillefroy.

La récompense décernée à Manet était une protestation contre les anciens errements des jurys, et tout le monde, au dehors, lui avait attribué ce caractère; mais cependant, parmi les membres du jury qui l'avaient accordée, plusieurs avaient agi sans esprit de protestation, mus par la seule idée de justice. Tous, en définitive, s'étaient trouvés de l'opinion que Manet était un homme dont le talent et l'apport méritaient d'être reconnus. A l'encontre du dédain que le public, la presse en général, et les vieux peintres attachés à la tradition, persistaient à lui manifester, ceux qui savaient observer devaient reconnaître que son action sur les jeunes artistes était, en réalité, énorme. Ce n'était plus, il est vrai, cette influence immédiate exercée sur le groupe des audacieux devenus les Impressionnistes. La pénétration, en étant moins éclatante, atteignait cependant les mieux doués de la nouvelle génération. On savait par exemple qu'à la vue des œuvres de Manet, un des artistes les plus réputés parmi les jeunes, Bastien-Lepage, délaissant l'art traditionnel, s'était mis à peindre des scènes contemporaines. On pouvait reconnaître que semblable évolution, due à la même influence, s'opérait sous des formes diverses, chez la plupart des autres jeunes gens, qui s'adonnaient à peindre, dans la manière de plus en plus claire, des scènes prises de plus en plus à la vie réelle.

Pendant que le public et la presse revenaient chaque année au Salon se livrer à leurs appréciations sans suite et à leurs critiques d'occasion, les hommes capables de porter des jugements d'ensemble ne pouvaient s'empêcher de voir que la peinture presque entière suivait le mouvement inauguré par Manet. Si on eût pu placer côte à côte, pour être vus simultanément, le Salon de 1861 où il débutait et celui de 1881, tout le monde eût constaté, avec stupéfaction, la profonde transformation qui s'était opérée. On eût vu que le procédé traditionnel d'association de l'ombre et de la lumière d'après des règles fixes, qu'il avait d'abord répudié, pour peindre en tons clairs juxtaposés, était maintenant plus ou moins abandonné par les jeunes artistes, qui peignaient eux aussi en clair. On eût vu que le réalisme, la peinture du monde vivant, qui avait soulevé une telle horreur, se produisant d'abord avec lui, était devenu d'une pratique générale. On eût vu que le prétendu grand art traditionnel de la peinture d'histoire, de la mythologie et du nu soi-disant idéalisé, qu'il avait d'abord délaissé, était maintenant presque entièrement ignoré et ne restait plus cultivé que par les anciens, attachés aux errements de leur jeunesse. En vingt ans, procédés, sujets, esthétique, s'étaient transformés.

Certes de tels mouvements d'ensemble ne sauraient avoir pour cause l'action individuelle d'un seul; ils viennent de besoins profonds et nouveaux, arrivant à se manifester d'une façon générale. Mais quelle que fût la profondeur du mouvement et quelqu'inéluctable qu'on veuille le juger, Manet en avait été l'initiateur, il avait été celui qui découvre la voie inexplorée et s'y engage le premier à ses risques et périls, sans esprit de retour. Les peintres de la tradition, qui se refusaient à innover, avaient tout de suite et justement reconnu en lui leur ennemi; ils avaient tout fait pour l'étouffer et le déconsidérer.

Aussi, maintenant que les jeunes artistes, soustraits aux vieilles pratiques et favorisés par les changements accomplis, arrivaient à leur tour à l'influence et au pouvoir dans les jurys, c'était de leur part un acte de simple justice que de tirer Manet de la position de réprouvé, où les autres s'étaient appliqués à le maintenir.

Une fois qu'un artiste était parvenu au rang de Hors concours, il était comme de règle que le gouvernement lui conférât la décoration de la Légion d'honneur. Cette distinction, dans de telles circonstances, semblait toute naturelle et on ne connaissait point de cas où elle eût été blâmée. Mais Manet était tellement à part, les deux partis qui se combattaient sur son nom étaient si irréductibles, que lorsqu'au nouvel an de 1882, M. Antonin Proust, ministre des Arts, vint le décorer, l'acte étonna, fut jugé audacieux et souleva, dans le parti de la tradition, le même mécontentement qu'avait suscité l'octroi de la médaille elle-même. M. Antonin Proust, pour décerner la décoration à Manet, avait commencé par se mettre à couvert des observations à prévoir de ses collègues, en s'entendant avec le chef du cabinet, Gambetta, aussi un ami de Manet, et en ne laissant par ailleurs rien transpirer de ses intentions. L'habitude, pour chaque ministre, était cependant de communiquer les promotions qu'il se proposait de faire au Conseil des ministres, et lorsque M. Antonin Proust vint lire sa liste, M. Grévy, le président de la République, prétendit mettre son veto en disant : « Ah! Manet, non. » Mais Gambetta, avec l'autorité qui lui appartenait, répondit : « Il est bien entendu, Monsieur le Président, que chaque ministre garde le droit de désigner les titulaires, dans la Légion d'honneur, des croix attribuées à son ministère, et que le président de la République ne fait que contresigner. » M. Grévy dut se rendre à cette sorte de rebuffade, et ces ministres qui désapprouvaient, eux aussi, la mesure, n'osèrent hasarder d'observations.

Manet éprouva une grande satisfaction des récompenses qui lui étaient enfin décernées et qui, banales en elles-mêmes, acquéraient des circonstances une valeur exceptionnelle. Cet homme, que depuis si longtemps le public, la presse et la caricature foulaient aux pieds et traînaient dans la boue, que les peintres en renom, chargés de décorations et d'honneurs, affectaient de tenir à distance, entrait enfin dans le cercle des privilégiés et des artistes mis à un rang honoré. La séparation qu'on avait prétendu maintenir d'avec lui s'était abaissée. Et puis! cette médaille donnée par les jeunes, après tant de refus et d'expulsions de la part des autres, montrait qu'il avait été pris des deux parts comme l'initiateur d'un art sur lequel on s'était divisé et combattu. La médaille faisait présager le triomphe de l'esthétique qu'il avait inaugurée, sur celle de la tradition qu'il avait délaissée. Il était enfin reconnu ; il voyait se produire cette appréciation de ses œuvres toujours attendue, qui jusqu'alors l'avait fui, mais qui maintenant commençait à lui venir, d'une manière certaine. Il était incapable de feinte, aussi laissa-t-il voir autour de lui le plaisir que lui causaient les témoignages d'approbation qu'on lui donnait enfin. Avec sa politesse coutumière, il tint à porter ses remerciements aux membres du jury qui s'étaient déclarés en sa faveur, il leur fit à chacun une visite.

Manet se trouvait donc parmi les récompensés au Salon de 1882. Sur les cadres de ses tableaux se voyait l'écriteau, signe de respectabilité, *Hors Concours*. Cela changeait évidemment sa situation auprès du public. Aussi ne se permettait-on plus de le railler avec le sans-gêne d'autrefois. D'ailleurs, l'accoutumance venue avec les années, on avait fini par trouver naturelles chez lui les particularités qui d'abord avaient paru intolérables. Mais quoique le public fût ainsi amené à ne plus se soulever devant ses œuvres, il était encore loin de les comprendre et de les goûter. Leur originalité les tenait toujours méconnues. Lorsque les masses populaires ont formé certains jugements, elles en restent ensuite indéfiniment pénétrées, les changements ne surviennent chez elles qu'après un long temps, ou même ne se produisent qu'après l'arrivée de nouvelles générations. Si le public, au Salon de 1882, ne témoignait plus à Manet le même mépris, si la presse et la critique n'osaient plus se conduire envers lui en pédagogues, venant lui enseigner les règles de son art, public, presse et critique n'appréciaient guère plus qu'autrefois ses tableaux, et son principal envoi de l'année offrait un motif qu'on cherchait comme d'habitude à s'expliquer.

C'était : *Un bar aux Folies-Bergère.* Au centre, vue de face, se dressait la fille tenant le bar. Une glace par derrière la représentait en conversation avec un monsieur, qui n'apparaissait, lui, que reflété. C'est cette particularité de la glace, renvoyant l'image des personnages et des objets, qui faisait déclarer l'arrangement incompréhensible. Et puis cette fille ne se livrait encore à aucun acte déterminé qui pût amuser. Elle n'était sur la toile que pour y être telle quelle, dans l'attente du chaland. Il l'avait peinte de cette manière déjà appliquée à des créatures du même ordre, en lui laissant son œil vague et sa figure placide. Le bar sur lequel reposent les produits destinés aux consommateurs lui avait permis d'introduire une de ces natures mortes qu'il aimait. Il s'était plu à placer là, côte à côte, des flacons, des bouteilles de liqueur, des fruits variés, choisis de telle sorte qu'ils lui offrissent les tons les plus vifs et les plus opposés. Il les a peints en pleine lumière, en les harmonisant cependant, et en les faisant entrer dans une même gamme d'ensemble.

Le tableau exposé concurremment avec le *Bar aux Folies-Bergère* avait pour titre *Jeanne*. Il représentait une jeune femme à mi-corps, vêtue d'une robe fleurie, coiffée d'un élégant chapeau, son ombrelle à la main. Elle était charmante, aussi échappait-elle au dénigrement qui accueillait, comme de règle, les êtres peints par Manet. Elle trouvait auprès du public un accueil bienveillant.

Le Salon de 1882 était le dernier où Manet exposerait. Il ne devait point voir le succès relatif, à la fin obtenu, se changer en victoire définitive. Pour cela, il eût eu besoin de vivre encore longtemps et de continuer à produire. Or, il touchait au terme de sa carrière. La mort approchait. Dans l'automne de 1879, un jour qu'il sortait de son atelier, il avait été saisi d'une douleur aiguë aux reins, accompagnée d'une faiblesse des jambes, qui l'avait fait tomber sur le pavé. C'était la paralysie d'un centre nerveux, l'ataxie, un mal incurable qui se déclarait. Il allait encore vivre plus de trois ans avec la paralysie, qui lui rendrait la marche de plus en plus difficile et le tiendrait à la fin presque cloué sur sa chaise, mais elle resterait tout le temps locale.

Elle ne lui enlèverait que la faculté de la locomotion, car la tête ne devait être nullement atteinte et l'intelligence devait garder, jusqu'au dernier jour, toute sa lucidité. Ses facultés de peintre n'ont donc point été réduites par son mal. Il a encore pu exécuter le *Portrait de Pertuiset* et le *Bar aux Folies-Bergère*. Si à la fin des œuvres de telle dimension lui sont interdites, s'il doit se restreindre à des sujets ne demandant plus la même dépense de force physique, il peut toujours travailler assidûment, et il produit un grand nombre de tableaux de fleurs, de natures mortes, et des portraits au pastel.

Il exécute aussi, pendant les trois années de sa maladie, des tableaux de plein air qui, par l'intensité de la lumière, marquent comme le summum de sa peinture dans ce genre. Il ne s'éloigne plus beaucoup de Paris, il passe les mois d'été dans le voisinage. En 1880, il est à Bellevue, près d'un établissement d'hydrothérapie, où il suit un traitement spécial. Le jardin de la maison qu'il habite lui fournit les motifs de plusieurs toiles. Sur l'une de grande dimension, il fait figurer une jeune femme amie de sa famille, assise, vêtue de bleu, contre un bosquet. Le tableau, sous le titre de *Jeune fille dans un jardin*, fera partie de sa vente, où il obtiendra du succès. En 1881, il passe l'été à Versailles, avenue de Villeneuve-l'Etang. Il peint, dans le jardin de la maison, une œuvre vide d'êtres humains, où un simple banc, se détachant contre le mur couvert de plantes vertes, devient le personnage. Et ce tableau se distingue par l'éclat du coloris et l'intensité de la lumière. Il peint encore à Versailles un *Jeune taureau* en plein air, au milieu d'un herbage, le seul tableau de ce genre qu'il ait produit. Dans l'été de 1882, le dernier qu'il eut à vivre, il occupe à Rueil la maison de campagne du dramaturge Labiche, qui la lui loue. Là il peint tout simplement la façade de la maison. Elle est banale, moderne, carrée, avec des contrevents gris. Il tire de ce pauvre motif des toiles lumineuses et séduisantes.

L'ataxie qui était venu le frapper se produisait comme la fin naturelle que comportait son organisme. C'était un homme d'une sensibilité excessive, d'une nervosité extrême. C'est à cela qu'il devait son acuité de vision. Les images transmises par l'œil, passant à travers le cerveau, y prenaient cet éclat qui, fixé par le pinceau sur la toile, heurtait la vision banale des autres hommes. Mais cette faculté hors ligne, qui lui conférait sa supériorité d'artiste, entraînait en même temps la fragilité physique, et sous le poids du travail et de la terrible lutte qu'il avait toute sa vie soutenue, contre sa famille et contre son maître Couture d'abord, puis contre les jurys, contre la presse, contre le public, il succombait. D'ailleurs sa nervosité extrême venait de famille, car ses frères la partageaient, et, sous des formes accidentelles différentes, ils sont tous les deux morts jeunes comme lui, d'épuisement nerveux.

Il eût pu cependant prolonger son existence, dans une certaine mesure, au delà du terme qu'elle devait atteindre, s'il s'était résigné à supporter son mal, sans essayer de vains remèdes. Sa femme, sa mère, son beau-frère, Léon Leenhoff, lui prodiguaient les soins les plus dévoués. Ses amis s'employaient de leur mieux à le distraire; mais cet homme si plein d'entrain ne pouvait supporter l'arrêt du mouvement. Il se confia à un médecin prétendant guérir les maladies nerveuses, qui fit sur lui l'expérience de ses remèdes, des poisons. Il s'en trouva momentanément bien, c'est-à-dire, qu'agissant comme stimulant, ils lui procuraient un retour d'activité temporaire. Il en continua indéfiniment l'usage et abusa en particulier du seigle ergoté, qui amena un empoisonnement du sang. Un jour, le bas de sa jambe gauche, une partie du corps déjà malade et affaiblie par la paralysie, se trouva tout à fait morte. Il s'alita. La gangrène se mit dans la jambe. L'amputation dut être pratiquée. Il languit après cela dix-huit jours, sans qu'on lui eût révélé la terrible opération et qu'il connût la perte de son membre. Il était trop atteint pour pouvoir survivre. Il mourut le 30 avril 1883 et fut inhumé au cimetière de Passy. Son ami M. Antonin Proust fit entendre un dernier adieu sur sa tombe.

Manet offrait le type du parfait Français. J'ai entendu Fantin-Latour dire : « Je l'ai mis dans mon hommage à Delacroix, avec sa tête de Gaulois. » Les peintres jugent par les yeux, et Fantin de cette manière jugeait bien. Il était blond, agile, de taille moyenne, le front s'était découvert de bonne heure. D'une physionomie ouverte et expressive, aucune feinte ne lui était possible, la mobilité de ses traits indiquait immédiatement les sentiments qui l'animaient. Le geste accompagnait chez lui la parole et une certaine mimique du visage soulignait la pensée. Il était tout d'impulsion et de saillie. Sa première vision comme peintre, son premier jugement comme homme étaient d'une étonnante sûreté. L'intuition lui révélait ce que la réflexion découvre aux autres. Il était fort spirituel, ses mots pouvaient être acérés, et en même temps il laissait voir une grande bonhomie et, dans certains cas, une véritable naïveté. Il se montrait extrêmement sensible aux bons et aux mauvais procédés. Il n'a jamais pu s'habituer aux insultes dont on l'abreuvait comme artiste, il en souffrait à la fin de sa vie autant qu'au premier jour. Il s'emportait d'abord contre ses détracteurs, quand leurs attaques se produisaient.

Dans ses rapports d'homme à homme, il apparaissait de même susceptible. Il eut un duel avec Duranty, pour un échange de paroles aigres ayant conduit à un soufflet. Mais, avec cette susceptibilité et cette promptitude à relever les offenses, il ne gardait ensuite aucune sorte de rancune. C'était en somme un homme d'autant de cœur que d'esprit, et son commerce était aussi sûr que plein de charme.

APRÈS LA MORT

XIII

APRÈS LA MORT

La pensée vint tout de suite, aux amis de Manet mort, de faire une exposition générale de son œuvre. Dans une réunion préliminaire formée de sa veuve, de ses frères, de M. Antonin Proust et de celui qui écrit ces lignes, nous décidâmes de demander la salle de l'École des Beaux-Arts, sur le quai Malaquais. L'espace dont on disposerait serait suffisant et le prestige attaché à l'École donnerait à l'exposition le caractère d'une sorte de triomphe posthume, que nous recherchions précisément. Manet m'avait, dans son testament, prié d'être son exécuteur testamentaire, et on jugea qu'il m'appartenait de faire, auprès de qui de droit, une première démarche, pour obtenir la salle de l'École des Beaux-Arts. J'expliquai qu'il faudrait m'adresser à M. Kaempfen, directeur des Beaux-Arts, dont les idées m'étaient assez connues pour que je pusse assurer d'avance que nous subirions un refus. Mais on décida de passer outre à mon objection, de suivre la filière, en voyant d'abord le directeur, sauf à s'adresser ensuite au ministre.

J'allai donc trouver M. Kaempfen. C'était un vieil ami. Quand je lui eus exposé ma demande, qui l'étonna fort, il me répondit qu'il ne pouvait l'accueillir et, avec une bienveillante candeur, il me reprocha de l'avoir mis dans l'obligation de m'opposer un refus, en lui faisant visite pour un objet aussi extraordinaire. C'était à peu près comme si j'eusse prétendu que le curé de Notre-Dame m'ouvrît sa cathédrale pour glorifier Voltaire. J'étais préparé à la réponse de M. Kaempfen, que, connaissant ses goûts, je trouvai toute naturelle, et après lui avoir dit fort amicalement, de mon côté, que ma visite était surtout due au désir d'observer les convenances, j'ajoutai que nous allions porter notre demande au ministre.

Lorsque j'eus fait connaître le refus éprouvé à la direction des Beaux-Arts, il fut décidé qu'on irait maintenant trouver le ministre, qui était Jules

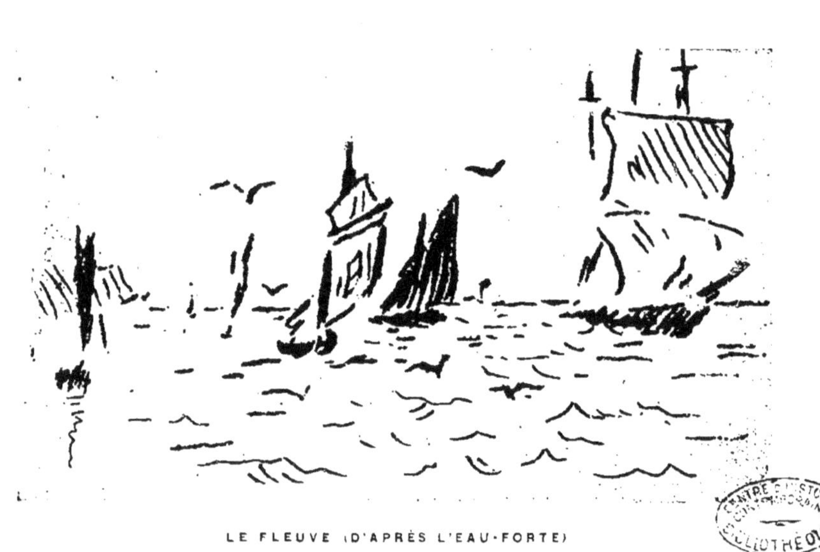

LE FLEUVE (D'APRÈS L'EAU-FORTE)

Ferry. J'étais lié aussi depuis longtemps avec celui-ci, et ses préférences artistiques semblables à celles de M. Kaempfen m'étaient assez connues, pour me convaincre que, si on m'envoyait vers lui comme on m'avait envoyé vers son subordonné, l'échec serait le même et cette fois sans recours. Ce fut donc M. Antonin Proust, député et ancien ministre, qui dut faire la démarche décisive. Il me prit avec lui et nous allâmes ensemble au ministère. M. Proust, dans ses *Souvenirs sur Édouard Manet*, a dit que Jules Ferry lui avait, par bienveillance pour Manet, accordé la salle de l'École des Beaux-Arts. Je n'ai aucune raison d'être défavorable à Jules Ferry, mais la vérité doit passer avant tout, et elle est que M. Proust a perdu le souvenir des faits ou que, par délicatesse, il cherche à laisser à un autre le mérite qui lui revient à lui-même. M. Proust était à ce moment, non seulement un des députés faisant partie de la majorité parlementaire qui soutenait le ministère, mais il était de plus membre de la Commission du budget et spécialement rapporteur du budget des Beaux-Arts, il avait été ministre des Arts dans le cabinet Gambetta et, sur une question touchant aux arts, ses demandes ne pouvaient qu'avoir une force irrésistible.

Lorsque nous fûmes reçus par Jules Ferry, M. Proust lui dit, en termes exprès, qu'il demandait l'École des Beaux-Arts, pour une exposition posthume de l'œuvre de Manet. Je vois encore le soubresaut de Ferry, fort contrarié, mais la question de jugement esthétique s'effaçait devant la nécessité politique, et comme ministre il dut accorder sans résistance la faveur que nous sollicitions. Je crus devoir alors lui exprimer, au nom de la famille et des amis de Manet, tous nos remerciements. Il m'arrêta, par un geste significatif et quelques mots, en me donnant à comprendre que nous n'avions aucune gratitude personnelle à lui témoigner, que sa bienveillance ne s'adressait qu'à un homme politique, auquel il ne pouvait songer à déplaire. C'est donc à l'influence possédée alors par M. Antonin Proust, que les amis de Manet ont dû d'obtenir l'École des Beaux-Arts pour exposer ses œuvres.

M. Proust eut ensuite l'idée d'inviter le président de la République, M. Jules Grévy, à venir visiter l'exposition projetée. Quelque temps auparavant, il avait avec Castagnary fait une exposition posthume de l'œuvre de Courbet à l'École des Beaux-Arts, dans cette même salle qui nous était maintenant accordée. Sur son invitation, le président Grévy était venu la visiter. Il est probable qu'il ne s'y était rendu qu'avec la pensée d'honorer l'œuvre d'un concitoyen, d'un Franc-Comtois comme lui, car son goût décidé pour l'art traditionnel ne devait aucunement le porter vers un talent aussi original que celui de Courbet. C'était donc trop prétendre, que de croire qu'il viendrait visiter l'exposition d'un artiste comme Manet, tenu à cette époque pour encore plus hors des règles que Courbet et n'ayant pas, comme celui-ci, l'attache personnelle de la communauté de province. M. Proust eût dû aussi se souvenir, que lorsqu'il avait naguère communiqué au conseil des ministres sa détermination de décorer Manet, M. Grévy avait hautement manifesté sa désapprobation, mais il pensait qu'après avoir amené le président à l'exposition de Courbet, il l'amènerait peut-être aussi à celle que nous projetions et qu'alors il devait, par amitié pour Manet, essayer d'y parvenir. Il me prit donc encore avec lui et nous nous rendîmes à l'Élysée.

M. Grévy nous remercia fort courtoisement de notre démarche. Il avait beaucoup connu, alors qu'il était au barreau, M. et Mme Manet, les père et mère de l'artiste, chez lesquels il avait fréquenté. Il nous retint assez longtemps pour nous parler d'eux. Il nous raconta des anecdotes sur M. Manet juge et sur ses collègues du tribunal, devant lesquels il avait souvent plaidé. Je crois qu'il aurait eu plaisir à se rendre à notre invitation, à faire honneur au fils, en souvenir des parents qui avaient été ses amis; cependant il ne voulut prendre aucun engagement. Je compris qu'à ses yeux, il était impossible qu'un président de la République se commît, au point de visiter l'exposition d'un artiste aussi attaqué que Manet. Il ne devait donc point y venir. Nous avions ainsi rencontré, en remontant l'échelle administrative et gouvernementale, du directeur des Beaux-Arts au ministre et au président de la République, trois hommes également attachés au poncif, à l'art traditionnel, et partageant cette opinion, encore dominante chez la foule, que l'œuvre de Manet ne méritait aucune reconnaissance et aucune consécration.

L'École des Beaux-Arts ne nous ayant pas moins été accordée, nous songeâmes à réaliser l'exposition. Un comité de patronage et d'organisation fut formé, qui comprit : MM. Edmond Bazire, Marcel Bernstein, Philippe Burty, Jules de Jouy, Charles Deudon, Durand-Ruel, Fantin-Latour, J. Faure, de Fourcaud, Henri Gervex, Henri Guérard, A. Guillemet, Albert Hecht, l'abbé Hurel, Ferd. Leenhoff, Eugène Manet, Gustave Manet, de Nittis, Georges Petit, Léon Leenhoff, Roll, Alfred Stevens, Albert Wolff, Émile Zola, Antonin Proust, Théodore Duret. On décida de faire une exposition sans triage. On allait donc présenter au public, réunies et groupées, les toiles qui avaient le plus excité sa colère ou ses rires et celles que les jurys avaient refusées : le *Buveur d'absinthe*, le *Déjeuner sur l'herbe*, l'*Olympia*, le *Fifre*, l'*Acteur tragique*, le *Balcon*, l'*Argenteuil*, le *Linge*, l'*Artiste*. C'était l'homme non expurgé, tel qu'il s'était produit au cours de sa carrière, qu'on montrerait. De telles expositions posthumes sont la pierre de touche et l'épreuve décisive. Lorsqu'un artiste meurt, il s'opère un changement immédiat dans la façon de voir son œuvre. L'amour ou la haine, la popularité ou la défaveur, le manque ou la possession des honneurs attachés à la personne même et capables d'influencer le jugement, ont disparu. L'homme n'est plus là, et avec lui s'en est allé tout ce qui lui appartenait en propre. Les œuvres isolées vont maintenant commencer à être jugées pour elles-mêmes. Or seules surmontent avantageusement pareille épreuve, qui sont originales et puissantes.

Il est des peintres qui atteignent de leur vivant à un grand renom et qui souvent n'ont produit, en les répétant, que deux ou trois tableaux. L'étroitesse de la création échappe au public et à la moyenne des critiques, jugeant au jour le jour et sans suite. Comme ils ne voient les œuvres envoyées aux Salons ou aux expositions privées que successivement et de loin en loin, ils s'en montrent satisfaits, sans reconnaître qu'ils n'ont devant eux que des choses déjà vues et des répétitions de répétitions. Mais après la mort de tels artistes, si on entreprend une exposition générale de ce qu'ils laissent, la pauvreté en apparaît tout de suite et vient crever les yeux. Les toiles accumulées se réduiront en définitive aux deux ou trois que l'homme, comme arrangement et comme sujet, a seules eu le pouvoir de trouver et le nombre n'aura d'autre résultat que de faire éclater l'indigence de l'ensemble. L'exposition posthume des œuvres d'un peintre se produit donc comme une épreuve décisive qui, selon les cas, confirmera ou cassera le jugement provisoire antérieurement porté.

L'exposition de l'œuvre de Manet eut lieu à l'École des Beaux-Arts, en janvier 1884. Elle attira un grand concours de visiteurs et toute la presse et les critiques lui donnèrent leur attention[1]. Dans les années qui avaient précédé sa mort, Manet était devenu l'artiste sur lequel on s'était divisé, les indépendants, les jeunes en faisant leur porte-drapeau, et les hommes attachés à la tradition continuant à voir en lui leur ennemi. Deux partis de force inégale, il est vrai, s'étaient ainsi formés qui, du monde des artistes, s'étaient étendus à celui des critiques et des amateurs, et maintenant ils allaient se rencontrer à l'exposition posthume, avec la pensée de se confirmer, l'un dans son approbation, l'autre

1. Une première étude suivie sur la vie et l'œuvre de Manet a paru à ce moment : Edmond Bazire. *Édouard Manet*. A. Quantin. Paris, 1884. In-8° illustré.

dans son hostilité. Mais si les partisans eurent tout de suite sujet d'accentuer leurs louanges, les ennemis ne purent persévérer dans leur réprobation et leurs critiques intransigeantes. Ils fléchissaient. On voyait ce spectacle curieux de gens qui, se rappelant l'ancien mépris qu'ils avaient sincèrement ressenti devant les œuvres montrées pour la première fois aux Salons, et venus maintenant à l'exposition d'ensemble, avec la pensée de le retrouver et de le manifester à nouveau, quoi qu'ils en eussent, ne le retrouvaient plus, et, à leur étonnement, se sentaient maintenant tout autres. Les œuvres étaient demeurées les mêmes, mais eux avaient changé. Le monde ambiant s'était modifié. Les années, en s'écoulant, avaient vu une esthétique nouvelle prévaloir, une vision différente se former, et on ne pouvait nier que la transformation ne se fût accomplie dans le sens indiqué par Manet et en suivant sa voie. Ce réalisme, apparu avec ses œuvres, jugé alors une chose grossière, mais qui était simplement la peinture du monde vivant, maintenant accepté, était devenu d'une pratique courante. Cette façon de juxtaposer les tons clairs, d'abord condamnée chez lui comme une révolte individuelle, s'était aussi généralisée. Elle avait presque entièrement remplacé la menière de peindre sous des ombres épaisses. Toute la peinture s'en était ainsi allée vers la clarté, et la séparation, si profonde au début, constatée entre sa gamme de tons et celle des autres, n'existait plus.

Il fallait donc bien reconnaître, devant son œuvre exposée aux Beaux-Arts, que Manet avait été un novateur fécond. Le ton général de la presse et des critiques, les commentaires des connaisseurs, montraient par suite un grand changement. On revenait des dédains antérieurs, du dénigrement systématique. L'époque de méconnaissance absolue était encore trop voisine, la période des insultes s'était trop prolongée, pour qu'on pût généralement louer sans réserves, mais tous en définitive admettaient maintenant que Manet avait été un artiste doué de puissance et d'invention. Cette conclusion s'imposait par l'évidence de ce que l'on voyait. Il n'existait point de répétition dans l'œuvre exposée. Contrairement à ces artistes qui, lorsqu'ils ont trouvé une manière qui leur a valu la faveur publique, s'y tiennent ensuite immuables, Manet, lui, n'avait cessé de se renouveler. On pouvait constater qu'il était allé sans cesse vers plus de clarté et plus de lumière. On reconnaissait qu'il avait varié ses sujets et ses arrangements sans interruption. Dans les cent soixante-dix-neuf numéros du catalogue, composés de peintures à l'huile, d'aquarelles, de pastels, de dessins, d'eaux-fortes et de lithographies, on découvrait une incessante diversité.

L'exposition de l'École des Beaux-Arts devait être suivie de la vente de l'atelier et d'œuvres diverses, dans l'intérêt de la veuve. Il en résulterait une nouvelle épreuve, soutenue avec un nouveau public, celui de la rue. Manet avait atteint une telle notoriété, que son nom était descendu aux derniers rangs. Quand on le prononçait, n'importe quel cocher, balayeur ou garçon de café pouvait dire : Ah! oui, Manet! je connais, en se représentant tout de suite un artiste excentrique et dévoyé. Dans ces milieux où la capacité manque pour se former une opinion propre sur les choses d'art, les jugements ne peuvent venir que du dehors et sont donnés par les couches supérieures et la presse. Or la caricature, les insultes des journaux, le mépris des artistes en renom et des critiques s'étaient si longtemps exercés contre Manet, que le peuple en dessous en avait été empoisonné.

Quand la vente fut annoncée par les journaux et des affiches, l'étonnement des passants fut donc grand. Une semblable tentative était-elle vraiment réalisable? Certes on savait que Manet possédait des défenseurs parmi les journalistes, les artistes et les amateurs, mais tous ceux-là étaient considérés dans le peuple comme des originaux, désireux de se signaler à tout prix et d'attirer n'importe comment l'attention. Cependant, qu'il y eût des gens capables d'aller jusqu'à donner leur argent, pour se distinguer des autres, paraissait à la plupart invraisemblable. La vente devint donc un événement, qui surexcitait la curiosité. Aussi l'exposition à l'Hôtel des ventes attira-t-elle un très grand concours de ces promeneurs du dimanche qui, à son intention, se détournaient du Boulevard, et le premier jour des enchères, l'Hôtel de la rue Drouot fut-il littéralement envahi. La vente avait lieu dans les salles du fond, 8 et 9, dont on avait enlevé la cloison et qui réunies formaient un assez grand local; mais il se trouva trop petit. La foule entassée dans le corridor et les pourtours déborda, par une poussée formidable. Le commissaire-priseur et les experts durent opérer dans un tout petit espace, au milieu de la cohue. On avait fait précédemment des ventes d'Impressionnistes, où les tableaux avaient été adjugés à des prix infimes, au milieu des rires et des quolibets, et la foule était venue à la vente de Manet dans de telles dispositions d'esprit qu'elle eût trouvé grand plaisir à voir se reproduire les avanies déversées sur les Impressionnistes.

Les ventes des grands collectionneurs, des artistes célèbres après décès, attirent un monde d'élite, de critiques, de collectionneurs, d'hommes de goût en vue, qui s'y rendent, comme à des réunions où leur présence est obligée. Ceux-là n'assistaient point à la vente de Manet. Les grands marchands manquaient aussi. Les experts, M. Durand-Ruel, M. Georges Petit, le commissaire-priseur, M. Paul Chevalier, avaient fait de leur mieux pour parer à l'absence de leur clientèle habituelle, en stimulant les amis et partisans de Manet connus ou supposés tels. M. Durand-Ruel surtout s'était mis en campagne, pour trouver des acheteurs. La vente, commencée dans des conditions si précaires, prit tout de suite une allure de succès inespérée. Sur toutes œuvres on mettait des enchères, et beaucoup parmi les acheteurs étaient des amateurs nouveaux et inattendus, venant grossir le groupe des amis connus. On vendait, entre autres, sept tableaux exposés aux Salons. Le *Bar aux Folies-Bergère* réalisait 5.800 francs; *Chez le père Lathuille*, 5.000 francs; le *Portrait de Faure en Hamlet*, 3.500 francs; la *Leçon de musique*, 4.400 francs; le *Balcon*, 3.000 francs. Puis ensuite le *Linge* faisait 8.000 francs; *Nana*, 3.000 francs; la *Jeune fille dans les fleurs*, 3.000 francs. L'*Olympia* était retirée à 10.000 francs et l'*Argenteuil* à 12.000 francs. Ces prix semblaient, alors qu'on les criait, extraordinaires. Ils déconcertaient absolument ces spectateurs, venus pour assister à un insuccès et disposés à rire, mais se tenant maintenant silencieux. Manet se vend! disait la foule étonnée, à la sortie, et la nouvelle courut immédiatement tout Paris. La vente, en deux vacations, les 4 et 5 février 1884, produisait 116.637 francs.

Les ventes sont devenues des épreuves, qui permettent de déterminer la position des artistes. Il est certain que la valeur artistique et la valeur marchande d'une œuvre ne s'accordent d'abord généralement point, qu'elles sont même le plus souvent en complète divergence. Mais à la longue, l'intervalle tend à se combler. Les marchands, les collectionneurs, qui possèdent certaines connaissances ou tout au moins du flair, doivent finir par ne mettre de grosses enchères que sur ces œuvres laissant voir un mérite assez certain pour les garantir d'une dépréciation de prix dans l'avenir. Le succès aux enchères est donc devenu comme un criterium, qui sert approximativement à fixer l'opinion sur le mérite d'un artiste. La vente de l'atelier de Manet ayant réussi et les prix payés dépassant ce qu'on avait pu supposer, le public en reçut l'impression qu'il avait dû après tout se tromper, en plaçant Manet si bas, et qu'il fallait revenir envers lui à un meilleur jugement. Et comme l'exposition de son œuvre à l'École des Beaux-Arts l'avait d'ailleurs fait monter dans l'estime de l'élite, capable de se former une opinion raisonnée, il se trouva que l'exposition des Beaux-Arts et la vente combinées le laissaient fort agrandi et élevé dans l'opinion générale.

Cinq ans s'écoulèrent après l'exposition de l'École des Beaux-Arts, sans qu'une nouvelle occasion s'offrît de montrer un ensemble d'œuvres de Manet, lorsqu'en 1889, une Exposition universelle avait lieu, où il serait représenté. Il allait ainsi obtenir réparation de l'injure qu'on lui avait faite en l'excluant des Expositions universelles de 1867 et de 1878. La réparation serait d'autant plus éclatante que, par suite du règlement de la nouvelle exposition, il y figurerait au milieu des maîtres du siècle entier. Les Expositions universelles de 1867 et 1878 ne s'étaient ouvertes qu'à des tableaux peints pendant la période décennale qui les avait précédées. Espacées de dix ans en dix ans, elles n'avaient reçu que des œuvres produites dans l'intervalle de l'une à l'autre. Mais celle de 1889 devait, dans la pensée de ses auteurs, servir à commémorer le centenaire de la Révolution. Il fut donc décidé, par une innovation, qu'elle offrirait, à côté d'une exposition décennale comme les autres, une exposition dite centennale, qui s'étendrait aux peintres survenus entre les dates de 1789 et de 1889. Manet mort en 1883 était du nombre.

L'exposition centennale était précisément aux mains de M. Antonin Proust, directeur, secondé, pour le choix et le placement des tableaux, par M. Roger Marx, inspecteur des Beaux-Arts. Tous les deux, comme admirateurs de Manet, allaient placer ses œuvres en vue, dans le salon pricipal. C'était un redoutable honneur. Il lui faudrait entrer dans le rang des maîtres du siècle entier et être jugé en parallèle avec eux. Les œuvres exposées étaient au nombre de quatorze ; au premier rang : l'*Olympia*, le *Fifre*, le *Bon Bock*, l'*Argenteuil*, le *Portrait de M. Antonin Proust*, *Jeanne*. Ces tableaux soutenaient avantageusement la comparaison avec ceux des plus grands du siècle. Tout ce public spécial de peintres, de critiques, de connaisseurs, de gens de goût devait maintenant reconnaître, sans réserves, la maîtrise de l'homme qui les avait produits. L'Exposition universelle amenait les étrangers, dont le jugement était encore plus favorable. Les jeunes peintres du dehors faisaient tout spécialement de ses œuvres l'objet de leurs études et de leurs observations. Les connaisseurs, en particulier des États-Unis et de l'Allemagne, s'en déclaraient hautement admirateurs et s'étonnaient qu'en France, dans le pays de leur production, elles eussent pu être si longtemps méconnues. L'Exposition universelle de 1889 venait ainsi compléter le travail favorable réalisé à l'École des Beaux-Arts. A son issue, il n'y avait presque plus personne, parmi les gens capables de juger réellement, qui se refusât à admettre que Manet était un maître, à placer au premier rang des maîtres du siècle.

A la vente de l'atelier de Manet, en 1884, on avait fait retirer à sa veuve l'*Olympia* et l'*Argenteuil*. L'intention avait été de réserver des œuvres que, plus tard, on pourrait faire entrer dans les collections publiques. L'*Olympia* à l'Exposition universelle de 1889 avait tellement séduit un collectionneur américain, qu'il avait exprimé sa détermination de l'acquérir. Le peintre Sargent en ayant eu connaissance jugea fâcheux que l'œuvre pût être perdue pour le public et qu'au lieu de prendre place dans un musée ouvert à tous, elle fût ensevelie au loin dans une collection particulière. Il crut qu'il y aurait moyen de la retenir en France et, pour aviser aux mesures à prendre, il fit part de ses craintes à Claude Monet. Celui-ci pensa tout de suite qu'il fallait faire entrer le tableau dans un musée de l'État, selon la prévision qu'on avait eue en amenant Mme Manet à le garder. Il prit donc l'initiative d'une souscription. On réunirait vingt mille francs à donner à Mme Manet, en échange de l'*Olympia*, qui serait remise au musée du Luxembourg.

L'intention d'offrir l'*Olympia* à l'État fut portée à la connaissance du public par les journaux. Alors il apparut que Manet avait fait, dans l'estime générale, assez de progrès pour qu'on admît l'idée de le voir pénétrer dans les musées. Oui! on acceptait qu'une de ses œuvres entrât au Luxembourg, cependant on trouvait à redire au choix de l'*Olympia*. On voulait bien un tableau de lui, mais pas celui-là. On demandait un de ceux qui montraient ses qualités, sans ce qu'on appelait ses défauts, par exemple le *Chanteur espagnol*, du Salon de 1861, récompensé par une mention honorable, ou le *Bon Bock*, accueilli par la faveur publique, au Salon de 1873. Manet présenté sous sa forme jugée sage eût convenu à tout le monde et si ses amis avaient voulu se plier à la concession demandée, on était prêt à accepter leur offre d'un tableau, à les en louer et à les en remercier.

Mais les amis de Manet n'entendaient faire aucune concession. Ils avaient précisément choisi l'*Olympia* pour l'offrir à l'État, comme une des œuvres où l'originalité de l'artiste se manifestait dans sa plénitude. C'était le tableau historique, qui rappelait l'universel mépris, alors que seuls Baudelaire et Zola avaient osé affronter la colère publique, en déclarant leur admiration. Manet, homme de combat, n'avait jamais songé à faire de concessions; quand il avait envoyé aux Salons des tableaux jugés sages, c'était par hasard, sans qu'il s'en doutât. Mais l'*Olympia* était demeurée comme l'enfant préféré de ses créations. Après l'avoir une première fois montrée au Salon de 1865, il l'avait encore produite à son exposition particulière de 1867 et depuis l'avait toujours tenue en vue dans son atelier. Ses amis, désireux de continuer la lutte après lui, jusqu'au triomphe définitif, l'avaient reprise comme l'occasion de bataille par excellence. Ils l'avaient fait figurer, au premier rang, à l'exposition de l'œuvre entière à l'École des Beaux-Arts en 1884, ils l'avaient comprise parmi les toiles envoyées à l'Exposition universelle de 1889, et maintenant ils la choisissaient, de préférence à toute autre, pour l'offrir à l'État.

Il devint donc évident que c'était une revanche éclatante, le triomphe pour Manet, que ses amis poursuivaient, par une souscription publique faite en vue d'acheter l'*Olympia.* Mais alors les anciens adversaires, les hommes dévoués à la tradition s'indignèrent de telles prétentions, qu'ils trouvaient excessives. Comment! on voulait, sans rien entendre, les forcer à recevoir le tableau qui les avait le plus révoltés, qui continuait le plus à leur déplaire, dans lequel ils ne voyaient toujours qu'un exemple corrupteur. Puisqu'il en était ainsi, ils s'opposeraient à ce que l'offre qu'on ménageait fût acceptée. Ce fut donc parmi les peintres de la tradition, dans les commissions des musées, parmi les fonctionnaires des Beaux-Arts, parmi certains critiques, un véritable soulèvement et la détermination de faire repousser par l'État le tableau qu'on voulait lui offrir. Les amis de Manet n'en persistèrent que davantage dans leur dessein. Alors on vit les deux partis, qui avaient existé pour et contre Manet et qui s'étaient longtemps tenus aux prises, se reformer et reprendre le combat. Chacun mit en œuvre ses moyens d'influence et la presse servit de véhicule à des appels et à des lettres de toute sorte.

La bataille ainsi engagée se poursuivit, mais en se prolongeant, elle amena à se ranger avec les amis de Manet tous ces artistes, hommes de lettres ou connaisseurs qui, partisans de l'originalité en art, se soulevaient contre la prétention des défenseurs de la tradition de tenir les musées fermés, comme ils avaient autrefois essayé de faire pour les Salons, aux œuvres contraires à leurs formules et à leurs règles. La souscription finit ainsi par recueillir l'adhésion d'un tel nombre d'hommes célèbres ou en vue, qu'elle en prit un grand poids. En outre Claude Monet, sachant qu'en 1884 on n'avait obtenu l'usage de l'École des Beaux-Arts, pour l'exposition de l'œuvre de Manet, qu'en passant par-dessus les subordonnés pour s'adresser personnellement au ministre avec l'appui d'un homme politique, était allé offrir l'*Olympia* directement au ministre des Beaux-Arts, M. Fallières, présenté et soutenu par le député Camille Pelletan. Avant que le ministre n'eût pris de détermination, un changement de cabinet amenait le remplacement de M. Fallières par M. Bourgeois, et ce fut lui qui eut à prendre la décision. Mais à ce moment la souscription, par l'adhésion des noms éclatants recueillis, avait acquis une telle importance, que les opposants dans les commissions des musées et les bureaux des Beaux-Arts fléchissaient. M. Bourgeois, sous l'influence de M. Camille Pelletan, un de ses amis personnels et un de ses soutiens à la Chambre, intervenant alors pour l'acceptation, le tableau fut définitivement reçu par la commission et les directeurs du musée. Un arrêté ministériel, en date du 17 novembre 1890, l'acceptait régulièrement, pour être placé au Luxembourg.

Claude Monet avait dû combattre pendant plus d'un an avant de triompher, mais la résistance opposée n'avait servi qu'à mieux mettre en relief son entreprise. Il avait réussi à forcer la porte du musée et Manet y entrait, sous sa forme la plus caractéristique. Voici quels avaient été les souscripteurs : Bracquemont, Philippe Burty, Albert Besnard, Maurice Bouchor, Félix Bouchor, de Bellio, Jean Béraud, Bérend, Marcel Bernstein, Bing, Léon Béclard, Edmond Bazire, Jacques Blanche, Boldini, Blot, Bourdin, Paul Bonnetain, Brandon.

Cazin, Eugène Carrière, Jules Chéret, Emmanuel Chabrier, Clapisson, Gustave Caillebotte, Carriès.

Degas, Desboutins, Dalou, Carolus Duran, Duez, Durand-Ruel, Dauphin, Armand Dayot, Jean Dolent, Théodore Duret.

Fantin-Latour, Auguste Flameng.

Guérard, Mme Guérard-Gonzalès, Paul Gallimard, Gervex, Guillemet, Gustave Geffroy.

J.-K. Huysmans, Maurice Hamel, Harrison, Helleu.

Jeanniot, Frantz-Jourdain, Roger-Jourdain.

Lhermitte, Lerolle, M. et Mme Leclanché, Lautrec, Sutter Laumann, Stéphane Mallarmé, Octave Mirbeau, Roger Marx, Moreau-Nélaton, Alexandre Millerand, Claude Monet, Marius Michel, Louis Mullem, Oppenheim.

Puvis de Chavannes, Antonin Proust, Camille Pelletan, Camille Pissarro, Portier, Georges Petit.

Rodin, Th. Ribot, Renoir, Raffaelli, Ary Renan, Roll, Robin, H. Rouart, Félicien Rops, Antoine de la Rochefoucauld, J. Sargent, Mes de Scey-Montbéliard.

Thorley.

De Vuillefroy, Van Cutsem.

L'*Olympia* entrée depuis quelques années au

Luxembourg s'y trouvait toujours isolée, lorsqu'un événement inattendu vint l'entourer de toute une famille. Le peintre Caillebotte mourait encore jeune, en février 1894, légant sa collection de tableaux au musée du Luxembourg. Elle se composait exclusivement d'œuvres de Manet, de Degas et des Impressionnistes Renoir, Claude Monet, Pissarro, Cézanne et Sisley. C'était toute cette partie de l'école moderne la plus attaquée, qui venait prendre place dans le musée de l'État. Manet se trouvait principalement représenté dans la collection par le *Balcon*, du Salon de 1869. De telle sorte que le Luxembourg, après avoir été contraint d'accepter avec l'*Olympia* celui de ses tableaux qui avait soulevé la plus violente colère, était maintenant appelé à recevoir avec le *Balcon* celui qui avait le plus excité les railleries. Il semblait ainsi que le sort réservât à Manet la réparation de placer d'abord, dans les musées de l'État, les deux œuvres qui lui avaient le plus attiré d'avanies aux Salons.

Le legs Caillebotte consterna le parti de la tradition. Les gens qui s'étaient auparavant échauffés pour faire repousser l'*Olympia* gémissaient. Ils prophétisaient la corruption du goût public. Ils annonçaient une irrémédiable décadence de l'art. Mais cette fois ils durent s'en tenir aux plaintes. Vaincus dans le combat livré pour tenir la porte fermée à l'*Olympia*, ils ne se sentaient plus en mesure de reprendre la lutte avec une chance quelconque de succès. Comment, en effet, eût-on pu refuser un legs formé d'objets, certes toujours décriés par beaucoup, mais que d'autres aussi prônaient? Qui eût décidé dans la circonstance? Il ne put donc être question de faire repousser la collection en bloc, mais l'hostilité se manifesta par la prétention de ne point l'accepter tout entière. On y ferait un choix restreint.

Le donateur, dont le testament remontait à 1876, à une époque où Manet et les Impressionnistes étaient tellement décriés que leurs œuvres lui paraissaient avoir peu de chances d'être acceptées, au cas de sa mort immédiate, avait eu la précaution de stipuler que les tableaux seraient gardés par ses héritiers jusqu'au moment où les progrès du goût public pourraient assurer leur acceptation par l'État. Il avait, en outre, eu le soin d'exiger qu'ils ne fussent envoyés à aucun musée de province, ni emmagasinés dans les greniers, mais fussent tous placés et tenus en vue au musée du Luxembourg. Ce fut sur l'impossibilité matérielle d'exécuter cette clause dans son intégralité, en arguant du manque de place, que les représentants de l'État s'appuyèrent pour arriver à faire un choix dans l'ensemble.

Ils se déclaraient prêts à prendre la collection tout

entière, mais à condition qu'on les laissât libres de n'exposer au Luxembourg que les œuvres ayant leurs préférences et pouvant y trouver place, alors que les autres seraient envoyées aux palais de Compiègne et de Fontainebleau. Les héritiers de Caillebotte et son exécuteur testamentaire Renoir craignirent, s'ils laissaient entière liberté à l'État, qu'il ne plaçât que très peu des tableaux au Luxembourg et n'en envoyât le plus grand nombre à Compiègne et Fontainebleau, où ils seraient perdus pour le public, et se trouveraient comme relégués dans ces musées de province que le testateur avait prétendu écarter. Ils préférèrent donc consentir à ce que l'État fît, avec eux, un choix dans la collection, mais alors en s'imposant l'obligation de tenir tous les tableaux choisis au Luxembourg.

L'État prit ainsi, pour les mettre au Luxembourg, deux tableaux de Manet sur trois, le *Balcon* et *Angelina*, en laissant la *Partie de crocket*. Il prit six Renoir sur huit. Renoir était très bien représenté dans la collection par son *Moulin de la Galette* et sa *Balançoire*, qui furent parmi les premiers agréés. On prit encore huit Claude Monet sur seize; six Sisley sur neuf; sept Pissarro sur dix-huit; tous les Degas, de petite dimension, au nombre de sept. Devant les œuvres de Cézanne, qui inspiraient encore à cette époque un effroi général, les répugnances se manifestèrent très fortes. Enfin la Commission des Musées se laissa aller à prendre, sur quatre tableaux, les deux moindres, en abandonnant les plus caractéristiques, des *Baigneurs*, de vrais géants, et un *Vase de fleurs*, plein de grandeur.

L'art de Manet et des Impressionnistes introduit au musée de l'État allait aussi prendre sa place aux ventes publiques. Aucune vente importante n'était venue s'ajouter à celle de l'atelier en 1884, lorsque, dix ans après, les circonstances m'obligèrent à me défaire de la collection que j'avais formée d'œuvres de Manet, de Degas et des Impressionnistes. Cinq tableaux de Manet allaient entre autres être soumis aux enchères. La vente qui eut lieu le 19 mars 1894, à la galerie Petit, rue de Sèze, attira cette fois le public spécial d'habitués, critiques, collectionneurs, marchands, qui suivent les grandes ventes. On ne vit point cette invasion extraordinaire du peuple de la rue, survenue, en 1884, à l'Hôtel Drouot. Personne ne pensait plus, à ce moment, qu'une vente des œuvres de Manet fût une occasion de venir se moquer et s'ébahir. Les prix atteints montraient une grande avance sur ceux de 1884. *Chez le père Lathuille*, du Salon de 1880, était adjugé 8.000 francs; le *Repos*, du Salon de 1873, 11.000 francs; le *Torero saluant*, 10.500 francs; le *Port de Bordeaux*, 6.300 francs; la *Jeune femme au*

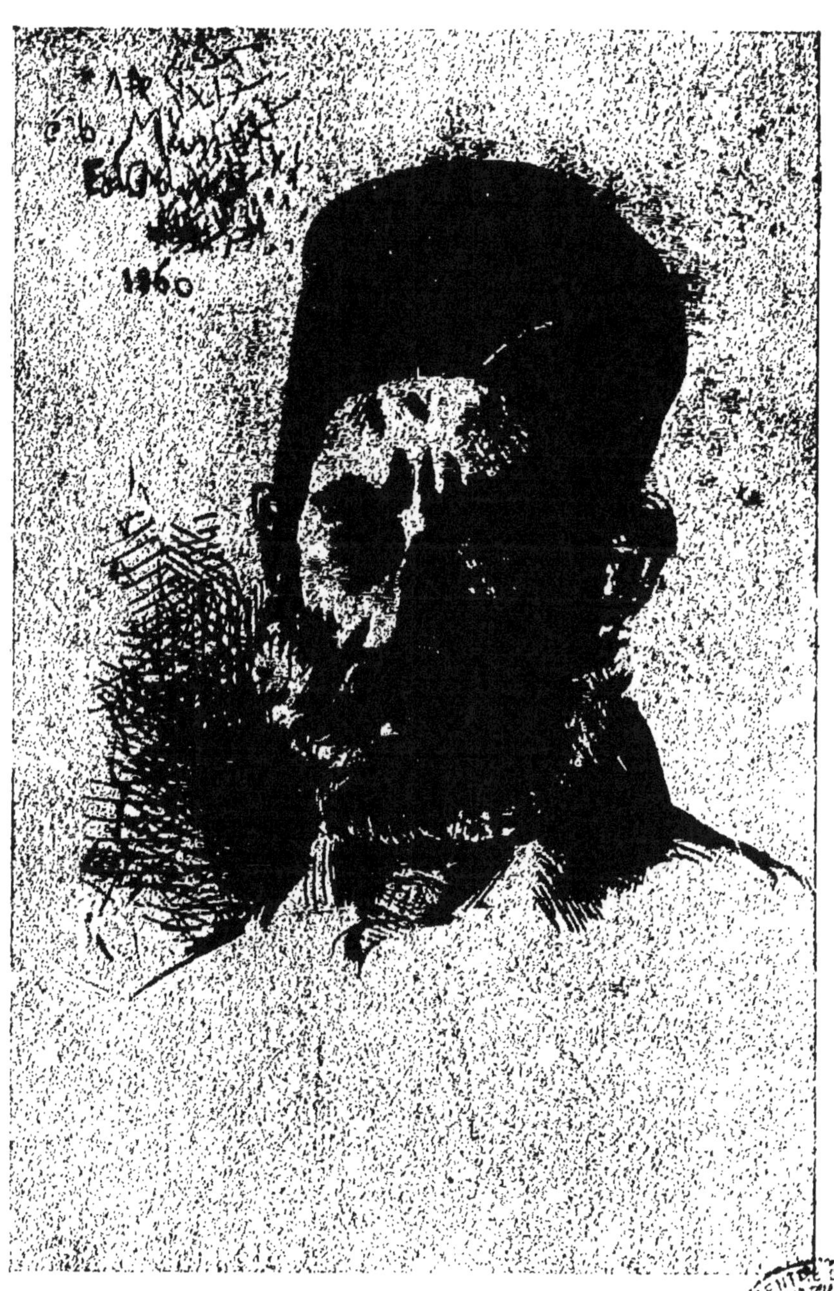

PORTRAIT DE M. MANET PÈRE (D'APRÈS L'EAU-FORTE)

chapeau noir, 5.400 francs. Les tableaux de Degas et des Impressionnistes réalisaient des prix proportionnellement élevés. On voyait apparaître, pour la première fois aux enchères, des œuvres de Cézanne, celui des peintres impressionnistes qui avait conservé le dernier la réputation de n'être qu'un barbare, foulant aux pieds toutes les règles. Et ses œuvres trouvaient des acheteurs, qui se les disputaient devant le public surpris, mais ne pensant nullement à manifester de désapprobation.

Les tableaux vendus allaient prendre place dans les grandes collections de l'Europe et de l'Amérique ou dans les musées publics. La *Conversation* de Degas, devait, en effet, bientôt entrer à la National-Galerie de Berlin, et la *Jeune femme au bal*, de Mlle Berthe Morisot, était acquise, à la vente même, par le musée du Luxembourg. Cet achat devait compléter la collection d'œuvres de Manet et des Impressionnistes, que le don de l'*Olympia* et le legs Caillebotte avaient fait entrer au Luxembourg. Le legs Caillebotte comprenait des exemples de tous les Impressionnistes, sauf de la seule Mlle Morisot. Lorsque ma vente survint, Stéphane Mallarmé, qui éprouvait pour Mlle Morisot — Mme Eugène Manet — une vive amitié, et qui tenait son talent en grande admiration, se mit en rapports avec M. Roujon, le directeur des Beaux-Arts. Il lui représenta que la *Jeune femme au bal* de ma collection offrait un excellent exemple de son auteur, et que le musée comblerait avec elle une lacune regrettable. M. Roujon, qui connaissait le goût sûr et fin de Mallarmé, se laissa facilement convaincre, et, d'accord avec M. Bénédite, le conservateur du musée du Luxembourg, décida l'acquisition de l'œuvre signalée.

A partir de 1889, on avait donc vu se succéder une série d'événements, d'où Manet avait tiré une consécration qu'on pouvait dire définitive. L'exposition universelle de 1889, le mettant en parallèle avec les maîtres du siècle entier, avait universellement amené à reconnaître qu'il allait de pair avec eux. La souscription de l'*Olympia* et le legs Caillebotte l'avaient fait entrer au musée du Luxembourg, où tout le monde, sauf à discuter sur les œuvres à choisir, avait concédé qu'il avait sa place marquée. Et, comme complément, la vente de mars 1894 avait montré les collectionneurs venant acquérir ses œuvres à hauts prix, ainsi que celles des Impressionnistes. C'était la fin de la terrible lutte engagée en 1859, alors que Manet avait envoyé le *Buveur d'absinthe* à un premier Salon. Il était mort avant d'avoir pu assister au succès définitif, mais ses amis, poursuivant le combat, l'avaient enfin obtenu. Il avait ainsi fallu lutter pendant trente-cinq ans pour triompher d'une des plus formidables oppositions que l'esprit de routine ait jamais élevées contre l'originalité et l'invention. Après les derniers succès, il ne devait plus y avoir, pour les amis de Manet, de véritable combat à livrer. Le calme s'était donc fait, et on ne s'attendait plus à des incidents particuliers, lorsqu'il s'en produisit un au loin.

La *National-galerie*, à Berlin, est un édifice récent inauguré en 1876. Il a été construit pour recevoir les œuvres des peintres allemands modernes; cependant les admissions se sont étendues aux étrangers, et des peintres de toute nationalité ont fini par y être représentés. Le directeur actuel, M. de Tschudi, a été un des premiers, en Allemagne, à juger à leur valeur Manet et les Impressionnistes, et, en homme convaincu, il voulut les faire figurer eux aussi dans sa galerie [1]. Il se rendit d'ailleurs compte que ce serait une chose trop risquée que de prétendre acheter de leurs œuvres avec les fonds mis à sa disposition par l'État, mais il sut gagner des personnes riches et en obtint, en don, des sommes avec lesquelles il acquit *Dans la serre*, du Salon de 1879, de Manet, la *Conversation*, de Degas, deux *Vues de Vétheuil*, de Claude Monet, et des paysages de Pissarro, de Cézanne et de Sisley.

1. M. de Tschudi a écrit une étude sur Manet. Bruno Cassirer, éditeur, Berlin, 1902, in-8 illustré.

M. de Tschudi, possesseur de cet ensemble, le groupa dans une des salles, à la partie principale de la galerie, au premier étage. Cette entrée de Manet, de Degas et des Impressionnistes dans un musée national fit grand bruit à Berlin. Elle donna lieu aux commentaires divers de la presse et des connaisseurs. L'empereur Guillaume II voulut se rendre compte personnellement de quoi il s'agissait et venu, sans l'apprentissage nécessaire, devant des artistes originaux et nouveaux pour lui, il ne put apprécier leur art. Le mérite des œuvres lui échappant, il jugea qu'elles n'avaient point de raison d'être. Il ordonna donc leur enlèvement et il les fit remplacer par d'autres. Peut-être que dans des circonstances différentes, il les eût tout à fait expulsées, mais eu égard à la manière dont elles étaient entrées à la galerie, il borna son action à les faire sortir de la place choisie où on les avait mises au premier étage, pour les tenir en un lieu moins apparent, au second.

EN 1900

XIV

EN 1900

Sous la coupole de la *National gallery* à Londres, consacrée aux maîtres anciens, se lit l'inscription suivante : « *The works of those who have stood the test of ages, have a claim to that respect and veneration, to which no modern can pretend.* » C'est là une belle sentence, parfaitement appropriée, qui serait à sa place dans tous les grands musées. En disant que les artistes qui ont supporté l'épreuve des siècles ont droit à un respect et à une vénération auxquels les modernes ne sauraient prétendre, elle indique que c'est le temps qui est le grand arbitre et qui prononce en dernier ressort. Il n'y a pas de jugement sûr et de classement définitif à se promettre, en dehors de l'action du temps et quelquefois d'un long temps. Les contemporains sont presque toujours incapables d'établir la vraie valeur des artistes et des écrivains qu'ils ont sous les yeux.

Il s'opère tous les vingt ou trente ans, alors qu'une génération cède la place à une autre, un travail, qui fait tomber dans l'oubli la plupart des hommes prônés de leur vivant et jugés immortels. Quelques-uns surnagent seuls dans le naufrage de tous les autres. Et ce ne sont pas toujours ceux qu'admiraient le plus les contemporains, qui acquièrent la survie. Les hommes d'abord méconnus, ou le plus combattus, sont souvent mis à un haut rang par la postérité. Le travail qui abaisse le plus grand nombre et élève quelques-uns s'opère naturellement. Il ne dépend pas de l'action réfléchie des nouvelles générations. Ce n' est pas par un choix délibéré qu'elles gardent seulement, pour se les approprier, certains hommes. La décision faisant les condamnés et les élus vient du temps. Mais alors pour lui ce sont, en dehors des considérations passagères, la valeur réelle et le mérite intrinsèque, qui créent les titres. Il conserve seuls les hommes doués de ces qualités puissantes, capables de toucher à jamais. Les contemporains pouvaient ne pas les voir ou les dédaigner, préférant admirer ces dons superficiels qui correspondaient à leur goût du moment, mais aussitôt que la génération éphémère a disparu, que le temps est survenu, ce sont véritablement alors les qualités profondes et intrinsèques qui se dégagent, pour faire mettre à leur vraie place définitive ceux qui les possèdent.

En 1900, l'Exposition universelle, avec ses sections décennales et centennales des Beaux-Arts, a permis de se rendre compte du travail accompli par le temps, dans le domaine de la peinture, pour élever ou abaisser les morts du dernier demi-siècle. Manet a été reconnu comme ayant grandi dans l'opinion et comme s'étant élevé, depuis l'exposition précédente de 1889. M. Roger Marx, inspecteur des Beaux-Arts, à qui avait été remis le choix des tableaux à exposer, n'avait nullement pris, pour les montrer, ces toiles, jugées sages. Il avait tenu, au contraire, à présenter Manet sous sa forme la plus personnelle. Il avait donc mis au centre du panneau qui lui était consacré le *Déjeuner sur l'herbe*, du Salon des refusés, en 1863, et l'avait flanqué, d'un côté, de l'*Artiste*, refusé au Salon de 1876, et de l'autre, du *Portrait d'Eva Gonzalès* et du *Bar aux Folies-Bergère*. Le tableau le plus en vue était donc celui-là même qui, le premier, avait attiré à son auteur l'animadversion générale; mais maintenant il n'inspirait plus de répulsion, on se plaisait, au contraire, à en reconnaître la puissance et l'originalité. Trente-sept ans s'étaient écoulés depuis que le tableau vu pour la première fois avait semblé monstrueux, dix-sept ans s'étaient écoulés depuis que son auteur était mort et le temps, opérant son travail, laissait maintenant découvrir dans l'œuvre les qualités profondes qui assurent accès auprès de la postérité. Manet, à l'épreuve de 1900, a donc définitivement pris place parmi ce petit nombre d'artistes que le temps respecte, pour lesquels il travaille et qu'il élève.

En cherchant aujourd'hui à dégager ses qualités dominantes, on en trouve surtout deux, d'abord la valeur de la peinture en soi, les mérites de palette, qui font que la matière est chez lui supérieure, puis le fait d'avoir rendu avec originalité le monde vivant autour de lui. On comprend que ces avantages soient de nature à assurer la durée, mais on s'explique aussi qu'ils ne puissent attirer tout d'abord les louanges, car, l'histoire est là pour le prouver, ce sont aussi ceux qui touchent le moins communément les contemporains et demandent le plus long temps pour exercer la séduction. Ce que nous appelons la valeur de la peinture en soi, les mérites de palette, correspondent à l'originalité du style chez les écrivains. Or, si les contemporains peuvent déjà errer en marquant les rangs entre les hommes de plume et si souvent ils mettent sur le même pied les auteurs de grand style et d'autres qui n'en ont pas, à plus forte raison peuvent-ils se tromper dans leurs jugements sur les peintres en voie de production, car l'art de la peinture est peut-être, de tous, celui où il est d'abord le plus difficile de voir juste.

Si le mérite de la peinture en soi, les qualités de palette demandent déjà par elles-mêmes du temps pour se faire reconnaître, il semble que quand elles se rencontrent, chez un artiste, comme elles se sont rencontrées chez Manet, avec la particularité de peindre la vie autour de soi, alors qu'elles forment la combinaison de toutes peut-être la plus grande, elles forment aussi celle de toutes la plus longue à être appréciée. On n'a qu'à voir quel a été le sort de Velasquez, de Frans Hals et des Vénitiens, qui ont également, chacun à leur manière, peint la vie et les hommes de leur temps. Ils triomphent aujourd'hui, mais depuis peu seulement. En Espagne ce n'est pas Velasquez, c'est Murillo qui était mis au premier rang. Au dix-huitième siècle et au commencement du dix-neuvième, on payait très cher les Van der Werff que l'on faisait entrer dans les collections, alors qu'on écartait les Frans Hals, qu'on eût eus à vil prix. Et on peut encore se souvenir d'avoir vu Guido Reni tenir les meilleures places dans les musées, au détriment du Tintoret. Quand on constate que cette rencontre des qualités de palette et de l'application à peindre la vie a pu exister chez les plus grands, en les tenant cependant très longtemps méconnus, on voit qu'elle a tout simplement amené Manet à subir le sort de ses devanciers et que la même erreur de jugement qui avait régné ailleurs est aussi venue régner en France. En observant combien lent a été le mouvement, qui a fini par mettre les grands artistes à leur juste place, on doit penser que le travail du temps en faveur de Manet n'est pas terminé, et que l'avenir lui réserve un surcroît d'estime.

Mais, dès maintenant, au point d'appréciation où il est parvenu, on peut préciser ce qu'il a personnellement apporté et ce qu'il a, par son exemple, fait naître autour de lui. A un moment où une tradition vieillie tenait l'art dans la routine, il est venu marquer le retour à la fécondité, par l'étude de la vie. Doué d'une originalité et d'un éclat de vision naturels, il a sorti la peinture des ombres conventionnelles où on la plongeait, pour la ramener à ces tons clairs, qui ont été le propre des grandes écoles à leurs moments heureux. L'œuvre qu'il a personnellement produite est puissante et variée. Il a, en outre, ouvert la voie à des artistes féconds et originaux. De telle sorte que l'initiateur et le groupe venu de son exemple, Manet et les Impressionnistes, ne peuvent être séparés et forment un ensemble caractéristique, venant compléter l'École française au XIXe siècle.

Le temps qui classe définitivement les œuvres est éclectique. Il donne la consécration aux écoles diverses. Il met souvent sur le même pied réconciliés, les hommes qui, de leur vivant, s'étaient anathémisés et avaient prétendu représenter des systèmes exclusifs. Ce qui compte à ses yeux, ce sont la vie, l'originalité, l'invention, mais alors les œuvres qui possèdent ces mérites, de quelque manière que ce soit, sont également reconnues par lui. Il ne bannit point ceux qu'il a une fois admis, pour leur en substituer d'autres. Son impartialité s'étend à toutes les révolutions de l'esthétique, et, sans toucher aux maîtres qu'au cours des trois derniers siècles il a consacrés, il tiendra Manet et les Impressionnistes au premier rang, après eux, comme ayant su ajouter de nouvelles formes à celles qui ont fait, en succession, l'éclat et la grandeur de la peinture française.

TABLE DES MATIÈRES

Paris. — L. Maretheux, imp., 1, r. Cassette. — 11607.

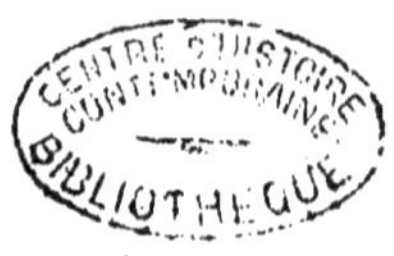

www.ingramcontent.com/pod-product-compliance
Lightning Source LLC
LaVergne TN
LVHW020545230826
846091LV00002B/399
* 9 7 8 2 0 1 9 7 1 4 2 1 5 *